Avertissement

Bien que les anecdotes contenues dans ce livre soient toutes tirées de moments de vie bien réels, les interprétations et sentiments prêtés aux chiens se fondent sur l'anthropomorphisme dont on sait que cette grille de lecture est inappropriée pour l'éthologie canine.
S'il devait subsister un doute, il est important que je puisse préciser qu'aucun de nos chiens ne sait ni penser humain, ni parler humain, ni même lire et écrire.
Et bien sûr, au-delà de toutes les anecdotes décrites dans cet ouvrage, la plus grande partie de la vie de « nos » chiens est simple, tranquille et apaisante. Un vrai bonheur ! D'ailleurs si on ne les avait pas, il faudrait les inventer !

A Manille et News
A « nos » chiens
A tous les chiens

A mes humains de compagnie
A tous les humains de compagnie, en général

Table des matières

Introduction

Je m'appelle Manille, je suis une petite chienne toute noire de deux mois et demi, une labrador ou une labradorée comme le dirait ma famille d'accueil. Pourquoi j'utilise le mot famille d'accueil ? Pour tout vous expliquer, j'ai quitté ma maman ainsi que mes frères et sœurs pour être confiée à des humains inconnus dont l'objectif est de faire de moi une bonne chienne de compagnie. Mon destin sera, dans quelques mois, de rentrer à l'école des chiens guides, pour un jour, aider un humain ou une humaine dans ses déplacements. A défaut d'une canne blanche, il ou elle pourra être guidé(e) par une chienne toute noire, un vrai contraste !

Les humains inconnus sont rapidement devenus mes humains de compagnie mais qui sont-ils ? Il y a l'humain en chef. C'est le plus grand et le plus gros, le plus vieux aussi. Il y a ensuite une humaine qui, selon l'humain en chef, a oublié de grandir (elle fait une tête de moins que lui, même si elle crie haut et fort qu'elle a juste la taille moyenne des humaines femelles). Elle a aussi pris en largeur ces derniers temps, parait-il. Je n'étais pas encore là pour le voir mais c'est ce qu'on entend… Et elle est un tout petit peu plus jeune que l'humain en chef ou presqu'aussi vieille devrais-je dire... Ensuite, il y a deux humains ado : une femelle et un mâle qui a quatorze mois de moins que son ainée. Ça c'est en âge réel mais en maturité, on pourrait bien considérer qu'il a, au bas mot, cinq ans de moins ! Je ne sais pas quels sont leurs noms humains à tous et je m'en fiche. J'ai retenu mon appellation à moi et c'est bien assez. Par contre, j'ai fait une analyse bien détaillée de leur odeur corporelle. C'est comme ça que je les reconnais le mieux. Je ne me permettrais pas de développer leurs émanations car, étant donné les capacités de mon nez, il me faudrait une encyclopédie complète pour détailler les effluves de chacun d'entre eux.

J'essaie de répondre à l'objectif d'être une bonne chienne de compagnie mais il faut dire que je suis bien jeune et encore fougueuse alors, de temps en temps, je me laisse aller à quelques dérives… Et puis, il y a des événements qui me tombent sur le coin de la truffe auxquels je ne m'attends pas…
J'ai bien envie de vous expliquer tout cela…

Chapitre 1 : Moments d'une vie de chiot

Il s'est passé trois mois depuis mon arrivée chez mes humains de compagnie. Trois mois qui n'ont pas été de tout repos pour eux comme pour moi. Maintenant que j'ai grandi (si mon calcul est bon, j'ai cinq mois et demi), je vais vous faire partager quelques anecdotes de ma vie de chiot chez mes humains de compagnie… Vous verrez que ce n'est pas simple tous les jours ! Je vous les écris en vrac.

Déjà, il faut que vous sachiez que j'aime bien faire des blagues… Ma préférée est la blague de la sieste… Je vous raconte… L'humain, le week-end, il fait la sieste sur le canapé du salon… Moi, je lui fais croire que je fais la sieste en même temps que lui sur mon tapis… Et quand il est bien endormi, je me réveille (je dors toujours moins profondément que lui), je me lève et je lui fais une léchouille sur le visage ! Eh ben figurez-vous que, systématiquement, il fait un gros sursaut ! C'est quand même drôle ! Cela étant, il ne me reste plus qu'à prendre ma tête d'innocente, celle où l'on me mettrait une auréole dessus… (J'en ai tout un stock d'auréoles…). Comme l'humain fait des siestes tous les week-ends, je lui fais la blague de la sieste tous les week-ends ! Je ne m'en lasse pas car, ce qui est le plus drôle, c'est que j'ai comme l'impression que cette blague est toujours une grande première pour lui, un peu comme si ses neurones ne se connectaient pas pour lui dire d'aller dormir dans sa niche humaine à lui afin d'être tranquille !

Il faut que je vous parle des poules ! Elles étaient là avant mon arrivée mais comme j'ai intégré la famille en hiver, elles ne sortaient pas beaucoup de leur poulailler. Avec le début du printemps, ce que je trouve le plus rigolo, c'est d'accompagner l'humaine au jardin quand elle va nourrir les poules. Là, systématiquement, je cours deux tours autour du poulailler et quel plaisir de les voir s'agiter dans tous les sens ! Elles en perdent des plumes ! En plus, elles font des sons de toute beauté. Dès que je le peux, je rentre dans le poulailler (c'est quand l'humaine ne me voit pas et qu'elle croit que je suis occupée ailleurs…) et je me régale de ce que je trouve par terre ! Je ne rentrerai pas dans les détails. Je ne voudrais pas heurter les plus sensibles d'entre vous… Je donne quand même un petit indice pour les plus warriors : ce que je préfère manger, c'est plutôt mou voire liquide. Pour les chimistes, je peux préciser que c'est riche en azote, phosphore, potassium et calcium. Pour les peintres, je peux dire que c'est un beau contraste entre le gris anthracite et le blanc neige. Evidemment, ma dégustation n'étant pas au goût de l'humaine, je suis sermonnée mais comment résister à ces petites gâteries ? Maintenant qu'il fait beau temps, les poules peuvent sortir de chez elle pour se dégourdir les pattes dans l'herbe fraîche. J'ai compris l'enchainement des actions : les poules sortent. Une fois que j'ai terminé ma besogne personnelle du nettoyage du poulailler, je finis bien par sortir aussi de celui-ci pour les rejoindre. Je cours tout naturellement derrière elles. Les poules courent bien évidemment vers leur poulailler en poussant des cris. L'humaine râle et je suis obligée d'arrêter de jouer ! C'est toujours comme ça. Il n'y a jamais une variante où je peux rester jouer avec elles aussi longtemps que je le voudrais. Je n'ai jamais droit à plus d'une course ! Je n'ai jamais droit de les attraper ! Avouez que ce n'est quand même pas cool ! D'autant que les poules ont toutes leur particularité ! Desireless, elle, c'est celle qui court le plus vite. Je pourrais m'entraîner à la vitesse avec elle. Nuggets, elle, elle fait des virages. C'est sympa les virages, ça permet de travailler les dérapages… Copine, elle, elle s'entraîne à voler mais là, je suis franchement moins douée qu'elle ! Mais pourquoi pas essayer ? Ne sait-on jamais : je pourrais devenir l'Icare des chiens ! Et Rocco… A défaut de courir car ce n'est pas sa passion visiblement, on aurait pu faire un concours de vocalises… Mais ne parlons plus de lui, il n'est plus là…

En revanche, je peux vous parler de cette idée humaine d'avoir amené une lapine à la maison ! Quelle ne fut pas ma surprise de voir que la lapine pouvait aller dans le salon ! Quel ne fut pas mon désarroi de voir qu'elle, elle a le droit, aussi petite qu'elle est, de vivre en 3D alors que, moi, je dois me contenter de la 2D ! Elle peut sauter sur le canapé, là où mon tapis posé au sol doit me suffire ! Elle peut sauter sur les humains, là où je n'ai même pas la possibilité de poser une patte sur leurs genoux ! Malgré tout, je me suis dit : « Chouette un nouveau jouet ! ». Elle court, moins vite que moi mais elle court quand même. Pourtant, interdit de la poursuivre ! Au moins, j'étais sûre de gagner à tous les coups ! Mais non ! J'ai tenté de lui donner des coups de pattes histoire qu'on se roule l'une sur l'autre, mais, de nouveau, j'ai été disputée. Finalement, j'ai eu une idée. J'ai tenté de devenir copine avec la lapine en lui léchant les poils. Le petit humain, lui, il met du gel sur ses cheveux pour faire tenir sa mèche eh bien, moi, je m'improvise coiffeuse à domicile avec la lapine et même relookeuse extrême. Une fois que je suis passée par là, elle change complètement de style ! Elle doit bien aimer ça car elle ne bouge pas et attend que ça se passe pendant de longues minutes... Après ma besogne, elle devient magnifaïque ! Appelez-moi Christina Cordula ! Cela dit, c'est bien beau de pouvoir faire des soins des cheveux à la lapine, des brushings, des mises en plis, des fixations naturelles ou extrêmes à ma guise, mais je ne souhaite pas devenir ni une star du relooking, ni une star de la coiffure alors, je suis sans pitié sur ce coup-là et ce sera elle ou moi ! J'ai bien essayé de dire à mes humains que cette nouvelle copine était trop envahissante, avait des manières qui me déplaisaient fortement et que j'étais arrivée au bout de mes œuvres créatives à son égard, mais ils ne le comprenaient pas. En tout cas, pas avec mon regard appuyé ! Mon expression distinguée n'ayant été ni entendue, ni interprétée, il a fallu que je trouve un autre mode de communication, un mode plus primaire, plus rustre ! Certes, je ne voulais pas me rabaisser à cela, mais je n'avais pas le choix ! Et je dois dire que, malgré tout, ils ont été bien longs à la détente. La première nuit, alors que j'étais une jeune chienne déjà presque propre, j'ai décidé de faire un caca dans la maison ! Ils ont cru à un accident ! Pffffff ! Comme ça n'a pas suffi, la seconde nuit, j'ai fait deux cacas dans la maison ! Ils ont cru que j'étais malade ! Re-Pffffff ! Comme ça n'a toujours pas suffi, la troisième nuit, j'ai fait trois cacas à la maison ! Ils ont commencé à se poser des questions ! Leur cerveau a tenté de reconnecter quelques neurones, mais pas encore suffisamment pour qu'ils comprennent le message ! La quatrième nuit, j'ai fait mes trois cacas et un pipi en plus ! Ce n'est pas que je ne voulais pas en faire quatre, mais il n'y avait plus rien à sortir au bout d'un moment ! Là, le cerveau des humains a fonctionné et ils ont enfin compris mon langage que je croyais pourtant, dès le début, simple, clair et efficace ! La lapine a donc fini par rejoindre ses nouveaux appartements qui étaient, durant tout ce temps, en construction au garage. Il était temps ! Je veux bien la croiser dans le jardin, je veux bien faire mine de sympathie à son égard, quand je la vois, mais il ne faut pas m'en demander plus ! N'exagérons rien ! D'ailleurs, je fais quelques piqûres de rappel à mes humains de temps en temps ! Lorsque je me rends, par hasard, au garage (je précise que j'y vais vraiment très rarement), je ne manque pas de poser une ou deux crottes tout près de la demeure de Madame lapine ! Au cas où ils aient un doute sur mon intérêt la concernant !

Après relookeuse, j'ai tenté une autre carrière professionnelle : élagueuse ! Alors là, les humains, ils n'étaient pas du tout, mais alors pas du tout, d'accord avec l'idée. J'avais repéré un petit arbuste sympa dans le jardin. Comme j'aime bien le bois sous n'importe laquelle de ses formes, je me suis dit que j'allais me couper une branche. Ça mettrait plus de piment dans ma vie que simplement la ramasser par terre. Eh bien même pas le droit ! L'humaine a encore râlé ! Quelle vie, non ! Elle m'a précisé que je serai chienne guide et pas élagueuse !

En parlant de bois, un jour, je jouais dehors, avant le repas, avec la jeune humaine et, dès qu'elle a eu le dos tourné, je suis allée m'ébattre dans les écorces qui couvrent une partie du jardin... Je ne sais plus bien exactement comment je m'y suis prise mais j'ai fini par me coincer un bout de bois de cinq centimètres dans la gorge. Je commençais à m'étouffer, à essayer de me faire vomir, mais je n'y arrivais pas. Comme je n'arrêtais pas mes vaines tentatives d'expulsion, les humains ont paniqué et l'humain en chef a décidé de m'amener chez le vétérinaire le soir, au moment de son repas à lui, histoire que ce soit encore plus comique pour moi. Il a fallu trouver celui de garde, ce qui n'a pas été une mince affaire, et, pendant ce temps, je continuais à les faire paniquer avec mes essais de vomissements ! On est arrivé là-haut et ils m'ont fait le coup du bal masqué ! La vétérinaire et mon humain se sont déguisés tous les deux en cosmonautes ! Je me suis dit : « Soit on met la musique et on envoie les cotillons, soit on décolle dans l'espace avec une super fusée ! ». Eh bien, pas de musique et la seule qu'ils ont fait décoller, c'est moi ! La vétérinaire m'a saisie d'un côté, l'humain de compagnie, de l'autre côté, tout ça pour me faire une radio ! Je n'ai pas du tout aimé leur blague ! Du coup, j'ai complètement refusé la deuxième radio ! Impossible de me saisir de nouveau ! Manille : un point !

J'en reviens à ma carrière professionnelle ! Après élagueuse, j'ai essayé le métier de scieuse ! Une nuit, tranquillement, vers quatre heures du matin, j'ai décidé d'aller scier le poteau en bois qui tient la rampe d'escalier. J'étais sûre qu'à cette heure-là, je pouvais mener tranquillement ma besogne ! Et puis tant qu'à faire autant rendre service... La couleur du poteau ne me plaisait pas plus que ça alors pourquoi pas amorcer un travail qui permettrait ensuite de repeindre l'ensemble... L'humain m'a entendue ! Mes dents ne sont pas discrètes, surtout maintenant que j'ai des dents d'adulte ! Il s'est levé furax ! Mais c'était tellement drôle de l'entendre me disputer à voix basse ! Pas très crédible l'humain à quatre heures du matin avec la tête enfarinée, les yeux à moitié collés et sa voix d'ours des cavernes pas bien réveillé ! Je suis retournée sur mon tapis avec le regard que je sais bien faire et qui a pour but de le faire culpabiliser de m'avoir disputée. J'avais bien mon stock d'auréoles avec moi. Il a été se recoucher... J'ai attendu un peu qu'il se rendorme pour continuer ma besogne ! Et oui, je suis persévérante, moi ! Je ne lâche pas comme ça un projet ! Donc je suis retournée au poteau quelques temps après... Et là, j'ai découvert un truc : les humains, ils ne se rendorment pas comme ça ! Je vous épargne la deuxième dispute que j'ai eue. Je crois me souvenir qu'il a parlé bien plus fort avec les yeux grands ouverts ! Du coup, je n'ai pas recommencé ! Du moins, pas encore...

Nouvelle expérience pour moi : je suis allée au théâtre ! Plein d'humains agglutinés les uns à côté des autres dans le noir ! Un peu étrange mais pourquoi pas... J'ai réussi à prendre mes papouilles et compliments habituels. A un moment, ils ont fait un truc bizarre : ils ont tous tapé ensemble dans leurs mains ! Les deux premières fois, je me suis fait avoir ! J'ai cru qu'il allait se passer quelque chose d'hyper important ! Oups, d'un bond, je me suis levée... Mais la troisième fois, ils ne m'ont pas eue ! Je suis restée couchée ! J'ai essayé de suivre le début de la pièce. Je me suis faufilée avec la laisse entre les chaises pour regarder des humains s'agiter sur scène, le seul endroit éclairé ! Mais ça ne m'a pas passionnée ! Sans vouloir les vexer, j'ai préféré commencer ma nuit !

Je change complètement de sujet : souvent, on va en détente dans la forêt. J'aime bien aller dans la forêt. Les humains me rappellent et je viens chercher mes croquettes avant de retourner jouer avec les branches d'arbres et les déchets humains jonchant le sol ! Et il y en a des déchets ! Mais un jour, ils m'ont rappelée et je les ai fait poireauter un sacré bout de temps ! Pourtant, ils étaient convaincants ! Ils multipliaient les sons débiles pour me faire revenir en suivant les conseils de l'humain éducateur qui dit toujours d'y aller à fond car le ridicule ne tue pas ! Heureusement car, là, les humains n'auraient pas fait long feu ! Eh bien, moi, je m'étais donnée une mission : déterrer un crâne ! Je vous rassure, pas un crâne humain, un crâne de bestiole, mais je ne sais pas bien de quelle bestiole il s'agissait. Qu'à cela ne tienne... Une fois que je me suis décidée à rejoindre les humains, hors de question que je leur donne ! C'était MON crâne ! J'ai bien fini par le laisser au profit d'autres attractions, mais j'avoue que, chaque fois que je retourne dans la forêt, je vais le chercher, mon crâne ! Et je prends toujours le temps qu'il me faut ! L'humaine pense toujours trop tard à amener un sac pour jeter le crâne alors, tant qu'elle oublie, j'en profite un peu...

Je suis passée pro au niveau du nettoyage des déchets. Je suis un ventre sur pattes et je mets tout dans la gueule ! Je raffole des chewing-gums et des bonbons. Mes préférés sont ceux à la menthe que même les croquettes ne me font pas lâcher ! Il y en a toujours qui traînent dans la rue. Je ne sais pas pourquoi les humains en mettent régulièrement mais cette pratique me comble de bonheur. Je crois que ce sont les humains miniatures qui sont les plus généreux à ce propos. D'ailleurs, ils déposent aussi beaucoup de morceaux de gâteaux. Après mon passage, tout est nickel ! Je suis sûre que les humains éboueurs sont admiratifs de mon travail de précision. Il va toutefois falloir que je n'en fasse pas trop sinon ma contribution pourrait être défalquée de leur salaire ! Je ne voudrais pas tout révéler, mais un de mes plus grands fantasmes serait de visiter leur camion poubelle ! La benne à ordures est sans doute l'endroit le plus merveilleux du monde ! Rien que d'y penser, mes filets de bave touchent déjà le sol ! Il faut que je précise également que je nettoie aussi les magasins de manière approfondie : aussi bien les allées que les dessous de rayons ! Il y a toujours des bonnes surprises sous les rayons ! Allez, je garde quelques secrets de ce que j'ai pu y trouver, toujours pour protéger les plus sensibles. Le problème, c'est que, malgré mes services, je n'ai jamais de remerciements ! Qui plus est, je suis surnommée « l'aspirateur à pattes ». Est-ce que je ressemble à une monobrosse, moi ?

Maintenant que je suis grande, j'arrive à sauter au-dessus de la murette du jardin. J'ai fait du monument aux morts, situé à trente mètres de la maison, mon repaire. Il y a des trucs super sympas à cet endroit-là. Je ne vous dis pas tout ce que j'y trouve. Je préfère garder une part de mystère... Mais surtout le plus rigolo, c'est que la terre est bien molle ! Alors je reviens à la maison avec des bottes de gadoue sur les pattes !

Quand je vois le prix que certains humains paient pour faire des bains de boue alors que, pour moi, c'est gratos, je suis prête à les inviter pour leur faire découvrir ma planque ! Il est important que nous puissions prendre soin de notre santé, n'est-ce pas ? Peut-on me reprocher de vouloir prévenir d'éventuels rhumatismes ? Peut-on me gronder de désirer prendre soin de ma peau ? En revanche, il faut que je précise que je choisis systématiquement de coordonner le jour de ma thalasso avec le jour où l'humaine de compagnie lave la maison. Comme ça, c'est plus sympa. Ça redécore l'intérieur et ça met de l'ambiance à la maison. Par moment, ça me permet même d'enchaîner avec de la balnéo ! De toute façon, finalement, tout ça n'est pas ma faute, les humains n'ont qu'à se mettre d'accord sur le modèle de la clôture du jardin s'ils ne veulent plus que je fasse encore quelques escapades « bien-être et spa ».

En parlant de saleté, même si je suis propre et que la lapine ne vit plus dans mes appartements, j'aime bien encore faire quelques besoins dans le salon. J'avoue que plus mes humains perfectionnent leur regard noir, plus je perfectionne mon regard de la culpabilité ! Et je deviens sacrément douée !

Malgré mes bêtises, le dimanche, c'est mon moment à moi : je vais au club canin ! J'y retrouve mes potes. J'adoooooore ! On se saute les uns sur les autres, on se renifle le postérieur, on fait des concours de courses et on se bat pour avoir le même jouet alors qu'il y en a plein mais c'est celui du copain qui est le plus précieux ! Cela dit, on travaille quand même un peu. A ce propos, je peux dire que je suis la mascotte de l'école des chiots. L'humaine animatrice me prend souvent en modèle pour montrer comment travailler les positions (assis, coucher, reste...) et la marche aux pieds. Après le club canin, je vais faire un tour à la boxe car les deux humains ado s'y rendent pour se taper dessus. Quelle invention humaine incroyable ! Au début, je regarde ce qui se passe et j'essaye de faire un peu de ménage car, au club de boxe, il y a tellement de chewing-gums qui traînent par terre que c'est un véritable royaume pour moi ! J'entends qu'ils m'appellent, les chewing-gums, mais je suis reprise par l'humaine, alors je finis par dormir, fatiguée des jeux de l'école des chiots !

Chapitre 2 : Ceux d'avant, les précurseurs

L'autre jour, j'ai entendu mes humains de compagnie discuter avec d'autres humains. Je faisais semblant de dormir mais j'ai capté toute la conversation ! Figurez-vous que je ne suis pas la seule chienne de cette maison ! Avant moi, ils ont accueilli pour quelques jours ou quelques semaines d'autres futur(e)s chien(ne)s guides.

La première, c'était une certaine Jaxy. Celle-là, d'après ce que j'ai compris, c'était leur toute première chienne. Ils ne l'ont pas gardée longtemps, juste un week-end mais c'était assez pour qu'elle se fasse remarquer. J'ai entendu que Jaxy et mon humaine sont allées se promener et bim ! L'humaine est tombée dans un talus ! Ce n'était pas la faute de la pauvre Jaxy qui ne savait pas quoi faire d'autre que de lécher les joues de l'humaine pendant qu'elle était au sol. L'humaine n'aime pas les léchouilles de joues alors elle était bien embêtée pour se relever avec les marques d'affection de Jaxy. Le souvenir de cette balade a été une entorse à la cheville pour l'humaine avec des séances de kiné et peut-être même, si je ne m'abuse, celui des beaux jeunes humains du club de foot d'à côté qui sont venus la relever... De là, à penser qu'elle aurait fait exprès de tomber, il n'y a qu'une patte que je ne franchirai pas...

Mon humaine a amené Jaxy au théâtre. Elle n'y était encore jamais allée. Contrairement à moi qui me suis bien tenue pendant cet événement, Jaxy, elle, elle s'est fait sacrément remarquer ! Elle n'a pas arrêté d'aboyer ! Peut-être que la pièce ne lui plaisait pas ! Je comprends car les jacasseries humaines ne sont jamais très intéressantes. En tout cas, c'est aux spectateurs que Jaxy n'a pas plu ! Elle a dû être sortie plusieurs fois cette coquine ! Sauf que, quand elle était de nouveau rentrée dans la salle, elle recommençait. L'humaine aurait dû se procurer un traducteur d'aboiements ! Elle aurait bien compris que Jaxy ne voulait pas rester du tout dans cet endroit chelou ! Pauvre Jaxy ! Elle a dû vivre un vrai calvaire avec cette pièce de théâtre !

Après Jaxy, j'ai entendu dire que Lutty est venue passer une semaine chez mes humains. C'était une catastrophe sur pattes ! C'était la reine des fugueuses ! Elle a réussi à s'échapper quatre fois.

L'inauguration s'est faite lorsqu'elle est descendue de la voiture au moment où elle est arrivée pour la première fois à la maison ! Elle n'avait pas le GPS intégré et elle a fait un direct voisin ! Elle a bien dû voir que mes humains n'étaient pas très expérimentés en quatre-pattes et elle en a profité pour montrer que c'était elle la patronne de la maison. Pour la récupérer, ça a été difficile ! L'humaine voisine a dû s'y mettre aussi, et, mes humains de compagnie, il faut dire qu'ils avaient un peu honte et surtout très chaud ! Je ne vous parle pas des effluves de transpiration ! Je sais rester discrète...
La deuxième fois, elle a réussi à ouvrir complètement la baie vitrée avec sa gueule alors qu'elle était à peine entrouverte. Elle est douée : elle a passé sa truffe et quelques coups bien placés à gauche, et hop, dans le jardin ! Et hop encore, sur le chemin de campagne derrière la maison et hop encore et encore, chez les humains voisins du bas de la rue ! Il a fallu mobiliser tout l'escadron familial pour la retrouver ! Il n'en menait pas large l'escadron ! Il se voyait appeler le vrai escadron pour les aider ! Il se voyait en prison pour la perte d'une future chienne guide ! Quel soulagement quand les humains l'ont retrouvée à faire les yeux doux au chien du bas de la rue !
La troisième fugue a été un remake un peu fade de la deuxième. Les acteurs maîtrisaient chacun leur rôle, la récupération de Lutty a été plus aisée.
La dernière fugue de la semaine, c'était lors d'une balade avec l'humaine ado. Lutty tirait sur sa laisse. L'humaine ado était en mode initiation au ski nautique. Lutty devait être pressée de relever tous ses textos. Dans notre langage canin, on appelle ça des pissetos ! Ou elle devait être pressée de rédiger ses propres pissetos ! On ne le saura jamais vraiment mais, à force de tirer sur la laisse, elle a réussi à sortir la tête de son collier et elle s'est sauvée en pleine rue ! C'était l'occasion pour elle de commencer une vraie carrière de chargée de communication en free-lance (ou en free-laisse pourrions-nous dire également) ! Mais sa carrière n'a quand même pas duré très longtemps car l'humaine ado était équipée en croquettes, ce qui a permis d'amadouer facilement Lutty qui est dingue des croquettes ! Elle vendrait père et mère et ferait même la livraison pour une petite bouchée !

Lutty ne s'est pas fait remarquer que par ses fugues ! Je dois vous avouer que j'ai appris qu'elle est fétichiste des éponges et des torchons. Un truc de dingue ! Quand elle voit une éponge ou un torchon, son sang ne fait qu'un tour ! Elle est comme possédée par une force qui l'oblige à s'en saisir et à les détruire ! C'est incroyable ! En plus, elle avait de la chance car mes humains la fournissaient régulièrement en matières premières ! Ils en avaient tout un stock ! A chaque éponge détruite, ils en ressortaient une autre et une neuve en plus ! Et comme par hasard, ils n'avaient pas encore le réflexe tout puissant de bien fermer les portes des meubles où ces objets précieux étaient rangés. Donc Lutty gagnait régulièrement au loto des torchons. Ça a été une super semaine pour elle.

Toujours concernant Lutty, elle a sacrément enquiquiné l'humaine ado, une autre fois encore. Le reste de la famille d'humains était invité à un diner entre humains et l'humaine ado est restée seule à la maison. Elle comptait bien sur ce moment pour se faire un repas entre filles avec Lutty comme invitée d'honneur. Elle s'est donc préparée une bonne pitance. Une sacrée besogne qui lui a pris pas mal de temps ! Elle était fière d'elle et a même photographié sa gamelle humaine pour l'occasion. Elle l'a laissée encore toute remplie sur le plan de travail de la cuisine, le temps d'aller chercher une gamelle de croquettes au garage pour son invitée d'honneur. Eh ben, Lutty a profité de ce moment pour dévorer, comme une goinfre, la moitié de l'assiette de l'humaine ado. L'humaine ado a sacrément été vexée ! Elle en a parlé longtemps et à qui voulait l'entendre !

Lutty a fait pas mal de bêtises en une semaine et c'est Malibu qui a pris la suite à la maison. Il y est resté trois semaines et demi ! Malibu il parait que c'était un chien presque parfait ! Il dormait beaucoup et il avait un style « premier de la classe » qui lui allait plutôt bien. Il avait le look du chien sage par excellence : pas un poil plus haut que l'autre, les oreilles toujours bien mises, les pattes propres, les crocs bien alignés, aucune goutte de salive tombant de manière impromptue... Il avait quand même un défaut, et pas des moindres : il avait une odeur corporelle un peu excessive. Cela dit, j'ai appris que le premier de la classe a fait une bonne blague, une nuit. Je vais vous expliquer ce que j'ai retenu de la conversation des humains. Malibu a voulu, sans aucun doute, faire son rebelle ! Il est parti en virée à l'étage dans le bureau. Une vraie expédition car, d'habitude, il dormait tranquillement dans le salon au rez-de-chaussée. Il a trouvé le stock de fournitures scolaires : la colle, le scotch et les cartouches d'encre. Il a kiffé grave ! Il a bien entamé deux rouleaux de scotch et, comme sa fiesta était un peu trop bruyante, l'humaine s'est levée ! Elle a fait un direct bureau et a eu une vision d'horreur en allumant la lumière : Malibu était tranquillement couché par terre avec un bâton de colle dans la gueule en guise de cigare ! V'la qu'il voulait tirer sa première taffe mais il s'est trompé de produit ! A moins qu'il ne souhaitait commencer une carrière de junky ! A peine Malibu a-t-il vu le regard de l'humaine qu'il a aspiré son bâton de colle et qu'il s'est levé pour retourner sur son tapis l'air de rien, comme un ange descendant du ciel... euh... du bureau ! Il ne se démontait pas dans sa connerie et mon humaine qui n'était pas encore bien réveillée a dû le suivre pour lui enlever son bâton de colle qui lui déformait un peu la gueule ! C'est à ce moment qu'elle a découvert ses tous nouveaux tatouages pas encore bien secs ! C'étaient des dessins assez conceptuels ! Peut-être un souvenir impérissable de son road-trip vers le bureau... Il ne lui aurait manqué qu'un collier en cuir à clous pour affiner son nouveau look et une bouteille de Malibu pour faire honneur à son nom ! Je ne sais pas exactement comment Malibu a réalisé ses tatouages, mais, il parait que l'humaine a retrouvé moultes cartouches d'encre entamées jonchant le sol du bureau. Sa période rebelle n'a pas duré trop longtemps car, le lendemain, Malibu a été privé de sortie nocturne : les humains ont fermé la porte du bureau ! Et heureusement pour lui qu'il n'a pas eu besoin d'un laser pour enlever ses tatouages mais simplement d'un effaceur ! Il a repris assez facilement et, sans souffrance, son style de premier de la classe... Cela dit, comme les humains ont des petites têtes, Malibu a recommencé la même bêtise quelques jours plus tard car ils ont, de nouveau, oublié de fermer la porte du bureau... C'est que ça devait vraiment lui plaire la rebelle attitude !

Enfin, le dernier chien qui a vécu un mois chez mes humains avant mon arrivée, s'appelait Marley. Lui, c'était un professionnel de la connerie ! Pourquoi un professionnel ? Car les deux couillonnades que mes humains ont retenues le concernant se sont déroulées au travail de mon humaine de compagnie.

En guise d'introduction, à peine Marley s'est-il couché sous le bureau de l'humaine de compagnie qu'il a sectionné le câble du chargeur de l'ordinateur portable ! C'était pratique, pour elle, pour ses rendez-vous, avec un ordinateur qui a besoin d'être constamment branché pour fonctionner ! Après avoir raconté ce trait d'humour à son humain d'accueil officiel, elle a appris que Marley n'en était pas à son coup d'essai ! Il avait fait exactement la même blague au Directeur de l'école des chiens guides. Il était couché sous son bureau et a sectionné le câble du téléphone, cette fois-ci ! Drôle d'histoire qui n'a finalement amusé personne car avant de soupçonner Marley, c'est le téléphone qui a été accusé de ne plus fonctionner, ainsi que la ligne téléphonique ! En tout cas, Marley doit avoir des actions dans la filière du high-tech pour agir comme ça !

Pour poursuivre les péripéties de Marley, il faut que je vous dise qu'il allait régulièrement au travail de l'humaine (d'où ses conneries professionnelles) et son job à lui était d'aider à l'accueil des humains. Ensuite, il était invité à rester sage avec un jouet personnel ou à dormir durant les rendez-vous de travail de l'humaine jusqu'à ce qu'il puisse dire au revoir. En règle générale, il respectait la consigne mais, une fois, il ne l'a pas entendu de cette oreille. Il voulait jouer et rien que jouer ! Il s'en fichait d'être sage et il n'avait pas envie de dormir ! Alors il a tout fait pour attirer l'attention de l'humaine. Dans un premier temps, il lui a rogné les talons de ses chaussures. Difficile pour elle de rester concentrée sur la conversation avec son congénère humain, avec un Marley qui rogne les talons ! Elle avait beau le repousser, tout en lui donnant un jouet et en continuant à discuter avec l'humain qu'elle recevait à ce moment-là, il en revenait tout le temps aux talons ! De belles stries ont été dessinées, ce qui donnait un style tout à fait personnel aux chaussures les rendant uniques en leur genre. L'œuvre d'art de Marley n'ayant pas plu à l'humaine, elle a fini par l'éloigner et l'a attaché à une table. Un peu plus tard, Marley est revenu près de l'humaine. Il n'était plus attaché. Ben oui, c'est logique, c'est pour cela qu'il est revenu ! Mais comment s'est-il détaché ? L'indice était autour de son cou : il ne lui restait que cinq centimètres de laisse ! L'humaine pensait que Marley avait coupé sa laisse en deux et qu'elle reprendrait le grand morceau plus tard pour rentrer à la maison ! Mais Marley a fait mieux que ça ! Le grand morceau de laisse avait complètement disparu ! Un prestidigitateur, ce Marley ! Impossible de trouver la laisse ! Un mètre cinquante de laisse quand même, ça se repère ! La seule hypothèse à ce tour de magie était que Marley eut carrément englouti la laisse ! L'hypothèse a été confirmée. A défaut de faire un retour maison, Marley et l'humaine ont fait un direct vétérinaire !

Avec un produit magique, Marley a pu redonner son attache en petits morceaux. Merci à lui, mais les petits bouts sont partis à la poubelle au lieu d'être recousus, ce qui aurait été la meilleure chose à faire selon moi à l'heure de l'écologie !

Enfin, après cette expérience professionnelle, Marley est revenu à un registre amateur. Pour remercier mes humains de leur accueil, quelques jours avant son départ, il s'est roulé dans une bouse bien fumante. Il jouait le rôle de diffuseur d'intérieur d'un parfum senteur « fleur d'anus » ! Une horreur pour les humains même si Marley, lui, trouvait que ça rehaussait l'odeur de la maison ! Les humains ont résisté deux jours en pensant que l'odeur allait se résorber d'elle-même. On leur avait dit que les chiens étaient autonettoyants ! Mais rien n'en fut ! Marley a fini dans la douche pour le plus grand bonheur de tous.

Chapitre 3 : Des histoires d'ado

Je vous ai raconté les péripéties des premiers chiens de mes humains. Même s'ils ne sont pas restés longtemps à la maison, on ne peut pas nier qu'ils en aient fait des bonnes. Mais je souhaite maintenant en revenir à moi car après les exploits de mon enfance, j'aimerais vous faire part des anecdotes croustillantes de mon adolescence ! Il y a de quoi rendre sportive ma famille d'accueil. Je vous les explique en vrac...

Un jour, l'humain de compagnie est parti travailler dans une maison dotée d'un jardin bien clôturé. Enfin, ça c'est ce qu'il croyait ! Il a eu l'excellente idée de me laisser flâner dans le jardin. Et là, j'ai découvert un petit trou dans le grillage, derrière l'épaisse rangée de thuyas. Curieuse, je me suis engouffrée dans le trou et je suis allée jouer chez les voisins. C'était sympa comme tout. Plein de nouvelles odeurs et des objets humains qui trainaient un peu partout. Au bout d'un moment, l'humain de compagnie s'est rendu compte de ma disparition. Il m'a donc appelée. Pendant longtemps... Mais moi, comme je n'ai pas le droit d'aboyer, je n'ai pas répondu. Ça, au moins, on ne pourra pas me le reprocher ! J'ai juste essayé de le regarder à travers les thuyas et j'ai fait des pas de long en large. A un moment, il m'a quand même repérée. Il a compris qu'il y avait un trou dans le grillage à travers lequel j'étais passée. Il a bien voulu me faire repasser par le trou, mais il faut dire que le grillage était devenu pointu de mon côté. Ça ne m'arrangeait pas du tout. Je suis super gourmande et même les quelques croquettes proposées pour mon passage ne m'ont pas motivées. Il est carrément allé jusqu'à me mettre, sous le nez, la gamelle tout entière, mais hors de question que je repasse à travers le grillage pointu ! Là, l'humain de compagnie s'est dit qu'il valait mieux venir me chercher en passant chez le voisin mais, comme je n'ai pas fait les choses à moitié, j'ai choisi de partir dans le jardin du voisin d'une maison mitoyenne de chaque côté et aussi mitoyenne avec tous les jardins autour ! L'humain de compagnie est allé sonner chez le voisin pour lui demander de passer par sa maison pour me récupérer. Mais, manque de chance pour lui, le voisin en question n'était pas là ! Seule solution : passer par le toit avec la grande échelle ! Rien de plus dangereux ! Donc l'humain a posé l'échelle contre le mur du voisin pour arriver sur le toit. Une fois sur le toit, il a porté la grande échelle, tout en étant en équilibre, et l'a fait basculer dans le jardin du voisin. Il est ensuite redescendu par celle-ci. Moi, durant tout ce temps, j'admirais le spectacle avec mes yeux de merlan frit ! C'était trop drôle ! Je pariais : « Va tomber ? Ne va pas tomber ? ». Il a bien géré la situation et, même s'il n'a que deux pattes, il a su les utiliser comme un chef ! Arrivé chez le voisin, il a bien écarté le grillage pour que je puisse retourner dans le jardin de son chantier soi-disant clôturé. Et une fois que j'étais passée, lui, il a fait le chemin de retour, de nouveau, par le toit en compagnie de l'échelle. Avec le temps que mon sauvetage lui a fait perdre, il a dû revenir le lendemain pour finir son chantier, alors que ce n'était pas prévu ! A midi, je suis retournée voir si le grillage était vraiment bien fermé et, comme l'humain n'avait pas envie de refaire du sport de toit, je me suis retrouvée enfermée dans la maison pour le restant de l'après-midi.

Pendant les vacances d'été, j'ai accompagné mes humains de compagnie lors de leur séjour. Lorsque nous sommes arrivés au camping, notre lieu de villégiature, les humains sont montés dans une voiturette pour aller à leur mobil home. Je n'étais pas très chaude pour aller dans la voiturette mais je n'ai pas pu résister à la croquette proposée à l'intérieur. Une fois dedans, je me suis dit : « Allez, je tente le coup de m'essayer au co-pilotage de rallye. Monsieur Loeb, vous n'avez qu'à bien vous tenir ! ». Au bout de quelques secondes de conduite, je n'étais déjà plus très à l'aise. N'en déplaise à mes supporters, les sports extrêmes ce n'est pas pour moi ! L'humaine a utilisé sa jambe pour faire une portière improvisée parce qu'elle avait bien compris que j'étais embarrassée et que je risquais de tomber. Moi, à ce moment-là, j'étais déjà une belle bestiole. J'ai donc fait un demi-tour dans l'habitacle et j'ai sauté par-dessus la portière jambonnée de la voiturette lancée à pleine vitesse. Sans parachute ! Quel risque ! Alors même que j'avais décidé quelques secondes auparavant de mon aversion pour les sports extrêmes ! Ça a surpris tous les humains qui ont eu un peu peur tout de même mais, là, rien à faire, je ne voulais plus monter dans un tel engin même avec une proposition de croquettes. Cette perspective de salaire n'était pas suffisante pour que j'envisage un contrat à plus long terme ! J'avais juste envie de chanter : « libéréeeeee, délivréeeeee, je ne monterai plus jamais... ».

Nos vacances se sont déroulées au bord de la mer. Il faisait tellement chaud que mes humains m'autorisaient à me baigner un peu. Sauf que moi je veux bien dans les rivières, éventuellement, tout doucement, et juste où j'ai pied mais pas dans la mer. Il y a des vagues qui me font trop peur ! Ça, c'est parce que mon humain de compagnie m'a traumatisée quand j'étais petite. Je ne vous l'ai pas encore raconté, alors c'est le moment... Trois semaines après que je sois arrivée chez lui, il m'a amenée au bord d'un étang sur un ponton de pêche. Encore un de ses chantiers de travail. Et là, je ne me rappelle plus comment c'est arrivé, mais je me suis retrouvée à l'eau ! Soit une mauvaise coordination de mes petites pattes, soit un attrait tout particulier pour la baignade ce jour-là, ou les deux ! Ce que je ne soupçonnais pas c'est que l'étang était à quatre degrés au mois de décembre ! Heureusement que j'étais en laisse. C'était plus facile pour repêcher un gros poisson comme moi ! Il n'a même pas eu besoin d'utiliser d'appât ! A la sortie de l'eau, j'étais en hypothermie, toute tremblante. Et pourtant je n'avais fait qu'un simple plongeon ! Rien de stylé, ni d'acrobatique ! Pas de quoi concourir aux jeux caninlympiques ! J'ai dû aller me réchauffer près du feu dans la cabane de pêche. J'y suis restée toute l'après-midi. Je lui ai bien fait peur ce jour-là ! Il ne faut pas que mes humains s'étonnent après que je ne veuille plus entendre parler d'eau ! N'empêche que ça m'a fait rire quand l'humaine de compagnie a avoué cette chute dans l'eau à l'humain éducateur, quelques jours plus tard. Elle n'en menait pas large !

Cela étant dit, en vacances, j'avais un accès VIP à la piscine grâce à mon pass' gilet bleu élève chien guide. Pour être honnête, je pouvais aller au bord du bassin pour me faire bronzer même si, étant déjà toute noire, ça ne me servait pas à grand-chose. Toutefois, je ne pouvais pas aller dans l'eau avec les humains. Pas grave car je suis traumatisée, ne l'oublions pas ! Pour accéder au bord du bassin, il fallait que je passe par un grand pédiluve. Les humains avaient cette obligation pour se salir les pieds. Quand on voit tout ce que contient le pédiluve, j'espère que leurs vaccins étaient à jour ! C'est un vrai bouillon de culture ! Je me suis trompée : j'ai parlé de « se salir » les pieds et non de « se laver » les pieds. Je suis désolée de cette erreur car je viens d'apprendre que le pédiluve ne sert pas à se salir les pieds, mais à se les laver ! Je ne m'en remets toujours pas ! Comment peut-on se laver les pieds dans un bac aussi crasseux où naviguent des déchets ? Je veux bien m'inscrire à une formation sur les rudiments de l'hygiène humaine ! Moi, je ne fais pas de manières quand je mange une crotte ! J'assume ! Les humains, eux, ont l'air d'avoir du mal à assumer le contenu du pédiluve ! Allez, j'arrête mes jugements et je cesse de vouloir comprendre des notions qui m'échappent ! Tout ça pour dire que je ne voulais pas mettre un bout de patte là-dedans ! Et impossible de le contourner par les rebords ! Même une croquette sous le nez n'avait aucun poids devant ce bourbier ! Par contre, les humains, eux, ont senti mon poids à moi car ils étaient obligés de me porter chaque fois que l'on devait prendre ce passage ! Et vingt-sept kilos, ça commence à peser ! En tout cas, c'est plus lourd qu'une croquette !

En rentrant de vacances, ma passion du bois est revenue en force et je n'ai pas voulu baisser les bras quant au sciage du poteau de l'escalier que j'avais commencé quelques mois auparavant ! Donc, comme j'étais plus grande, les humains avaient un peu plus confiance en moi et, un jour, ils m'ont laissée toute seule. J'ai profité de ce moment de solitude pour faire une très belle marque dans le poteau (un peu au-dessus de celle de la dernière fois car j'ai grandi). Avec mes dents d'adulte, je peux dire que le poteau était bien entamé. Comme je trouvais que ça manquait d'harmonie au niveau de la décoration, j'ai décidé de faire la même chose sur le premier nez de marche de l'escalier. J'avoue que je l'ai bien scié. Un beau trou ! Manille : un point, humains de compagnie : zéro ! Mais la partie ne s'est pas arrêtée là. L'humain de compagnie a réparé mes dégâts (moi j'aurais plutôt dit mon œuvre d'art : une sculpture aussi bien équilibrée doit valoir une fortune sur le marché de l'art !). Il a mis de la pâte à bois. Après séchage, je l'ai vu la poncer. C'est alors que la nuit suivante, j'ai voulu l'aider au ponçage. L'odeur de la pâte à bois, qui a donné mal à la tête à tous les humains de compagnie, me plaisait bien à moi. Donc, j'ai poncé avec mes dents exactement à l'endroit où l'humain avait mis la pâte à bois. Mais je crois que mon travail n'a pas convenu. J'y suis allée un peu trop fort. Encore une victoire pour moi dans la catégorie « reine de la connerie » ! Du coup, l'humain a renoncé à réparer le poteau et le nez de marche tant que j'habiterai chez eux !

N'empêche que je ne suis pas que reine de la connerie, je sais aussi faire de bonnes choses. Je vais donc en profiter pour me valoriser un peu. Un de mes plus gros coups a été de sauver le soldat Hélium ! Je suis allée à un stand de communication des chiens guides dans le hall d'un supermarché, haut lieu de la planque des ravitaillements humains. J'y ai retrouvé mon copain Marley. On faisait tranquillement des roulés boulés, on se sautait dessus, on se reniflait les postérieurs... Entre deux actions, on récoltait quelques caresses de passants chargés de victuailles provocatrices ! Rien de plus normal : récolter des caresses pas être provoqués, bien sûr ! Au bout d'un moment, on voit arriver un troisième compère, Hélium, qui conduisait sa passagère humaine. Fatigué par la route, il a eu droit à une petite pause et a pu faire le plein de carburant grâce à la gamelle collective mise à sa disposition ! Moi, j'adore les gamelles collectives. Il faut que je précise que, s'il y en a plusieurs garées les unes à côté des autres, je les essaye toutes et je reviens à la première pour recommencer ensuite à mettre un coup de langue dans chacune d'elles. Imaginez un peu ce mélange de bave et de microbes. Il y a là-dedans toute une communication à la hauteur des plus grandes encyclopédies humaines ! Je passe sur ce détail pour en revenir à mon histoire. Hélium était maintenant garé correctement. Son humaine lui a mis le frein à pied. En gros, pour préciser les choses : elle a mis le pied sur sa laisse pour qu'il reste bien sur sa place de stationnement. A un moment, sans s'en rendre compte, l'humaine d'Hélium a desserré le frein. Il était maintenant en roue libre, heu... en pattes libres ! Conscient de son aubaine, Hélium a voulu se faire une petite virée en solitaire. Il aime bien conduire mais il s'est vite rendu compte que finalement sans passager à bord, ça n'avait pas la même saveur. A qui pourrait-il montrer sa maîtrise du harnais, à qui pourrait-il montrer ses pointes à la vitesse de Fangio, sans parler de sa capacité à négocier les virages les plus serrés et de prendre soin de sa passagère ? Il a donc repéré une humaine d'un âge certain toute prête à passer les portiques du supermarché près desquels on avait établi notre campement. Il s'est dirigé doucement vers elle et il l'a alpaguée. « Viens, monte ! » lui a-t-il dit avec ses yeux de routier sympathique car, n'oublions pas le slogan : les routiers sont sympas ! Sauf que l'humaine âgée n'a même pas eu la politesse de lui répondre. Elle continuait, seule, son chemin et Hélium la suivait. Il était d'ailleurs en train de tenter de négocier un prix sur la course quand les humains du stand se sont réveillés ! Ils ont dit : « Hélium est en train de partir, il va rentrer dans le magasin ! ». Ils ont beau causer, certes, mais ils sont longs à la détente au niveau des réactions ! Tu crois qu'ils se seraient remués pour aller chercher Hélium ? Ils étaient tellement en mode « doucement le matin et pas trop vite l'après-midi » que ça m'a offusquée. Je me suis levée d'un bond et, prise par le réflexe d'un acte héroïque à venir, je suis allée chercher la laisse d'Hélium. Je l'ai prise en gueule. Je lui ai fait faire un demi-tour et je l'ai ramené au stand. Les humains se sont transformés en guimauve : « Oh que c'est mignon ! Regarde-les tous les deux ! ». Sur la vie de ma mère, ils en avaient les larmes aux yeux ! Ça m'a remis un coup de tension ! Non mais ils croient quoi ? Hélium a le GPS intégré, OK, mais cette humaine ancestrale, là, sous ses airs innocents, qu'est-ce qu'elle aurait pu lui faire ? On ne sait pas ! Surtout que j'ai remarqué que les humains les plus vieux sont souvent armés ! ils s'appuient sur des bâtons soi-disant pour marcher à trois pattes mais dans le fond, leur canne, comme ils disent, j'en ai vu plus d'un s'en servir contre nous, les quatre-pattes ! Alors, pour le principe de précaution, j'ai préféré sauver Hélium plutôt qu'il tombe entre les mains d'une psychocanipathe ! On est allé rejoindre notre frère de pedigree et, après qu'on soit bien à l'abri tous les trois, on a pu se remettre à jouer !

Ça me fait penser que j'ai un frère de pedigree, élève chien guide lui aussi, qui est venu passer quelques jours à la maison. Il s'appelle Massaï ! Alors lui, c'est LE guerrier de la gamelle ! Il est exceptionnel ! Je n'ai jamais vu ça et mes humains non plus ! Il est carrément imbattable alors, moi, je n'ai même pas essayé de m'y frotter ! Nous, les labradors, en général, quand c'est l'heure de passer au mess, on a une tactique plutôt efficace pour détruire rapidement le contenu de notre gamelle et le faire disparaitre ! On ne traine pas et si on a fini notre offensive avant celle de notre camarade, on essaie bien de se jeter sur son écuelle pour récupérer notre butin ! Les humains ont chronométré et le rythme de nos assauts à tous est à peu près équivalent mais pas pour Massaï ! Je ne sais pas s'il est surentrainé ou s'il veut un jour concourir pour le concours du plus gros mangeur de croquettes (j'ai vu que certains humains font ça avec des hot-dogs ! Ouh là là ! Ils mangent du chien chaud ! Ça craint !). Quoi qu'il en soit, Massaï, en deux coups de langue, a systématiquement fini sa gamelle ! Impossible de le chronométrer ! Le temps que les humains donnent le signal du repas, ils n'ont même pas le temps d'appuyer sur le bouton de démarrage du chrono que Massaï a déjà terminé ! Il est incroyable ! Je pense que son ascendant sur l'engloutissage de la gamelle lui est monté à la tête et Monsieur veut passer de guerrier à Roi ! Roi de quoi, je ne sais pas, mais il a sacrément pris la grosse tête ! Il ne laisse pas les humains tranquilles une seconde et, dès qu'ils s'éloignent un peu ou vaquent à leurs occupations sans se soucier de lui, Monsieur rappelle sa cour à l'ordre ! Il aboie jusqu'à ce qu'il soit de nouveau au centre de l'attention et rebelotte si les humains le laissent ou ne s'occupent pas de lui. Faut qu'il fasse gaffe car je sais que certains rois humains ont mal tourné…

J'en reviens à ma petite personne… Dans la rubrique « je mange n'importe quoi », la veille de rentrer à l'école des chiens guides, j'ai renouvelé l'expérience de me coincer du bois dans la gorge. Je ne me rappelais plus ce que ça faisait. Je suis donc allée chercher une branche. Rien de plus simple : il y en a plein dans le jardin. Je l'ai mâchouillée et elle est restée coincée. J'ai toussé toute la nuit, sans arrêt ! Ça a mis une ambiance dans la maison ! Personne n'a dormi ! Une chouille mémorable ! Il fallait bien fêter mon entrée à l'école. J'avoue que, du coup, je n'y suis pas allée directement. Pour réparer ma gueule de bois et enlever mon bois de la gueule, mon lendemain de fête s'est déroulé chez le vétérinaire ! C'était la case obligée avant de devenir une bonne écolière !

Voilà mes aventures dans ma famille d'accueil. Malgré tous ces moments mémorables, mes humains de compagnie ont adoré ma présence chez eux. Ils ont eu du mal à me quitter. Mon humaine en chef a versé des seaux de larmes ! C'est pour ça qu'ils ont décidé d'accueillir une autre future chienne guide pour de nouvelles péripéties. Comme on a passé quelques jours ensemble, j'en ai profité pour la « former » à la plupart des métiers auxquels j'ai pu m'exercer durant ces quelques mois où j'habitais chez mes humains de compagnie. D'après ce que j'ai vu avant de partir, elle a l'air d'être assez compétente, elle aussi, dans le sciage des meubles. Elle aime aussi aller au poulailler et elle commence tout doucement à faire de l'élagage. Bientôt, je ne doute pas qu'elle sautera la murette du jardin pour aller dans le champ se couvrir les pattes de boue… La relève est assurée ! Et moi, du haut de mes dix mois et demi, je vais apprendre plein de grandes choses et m'assagir un peu ! Je laisse la parole à ma collègue…

Chapitre 4 : Les débuts newzesques

Bonjour, je m'appelle News. Je suis une petite chienne de couleur sable et je suis arrivée dans ma famille d'accueil en août, juste trois jours avant mes deux mois. Un grand moment ! Je vais, à mon tour, vous faire partager mes moments de vie croustillants avec mes humains. Je remercie au passage Manille pour son initiation à des activités bien sympathiques.

Ce qui m'a marquée, c'est que j'ai eu de sacrés problèmes identitaires ! Comment je m'appelle, moi ? Sur le papier, c'est écrit News ! Mais j'ai eu du mal à comprendre que c'était bien mon nom car les humains de compagnie qui m'ont été affectés m'ont donné de très nombreux surnoms.
Parmi ceux dont je me souviens, il y a eu « Non ». Sans blague ! Dès que je voulais prendre la moindre initiative (surtout celle où il s'agissait de rogner, casser et manger des objets humains), ils disaient « Non ! ». Je ne sais même pas compter le nombre de fois où j'ai entendu ce mot. J'ai bien cru qu'il s'agissait de mon nom à un moment.
En plus de ça, j'ai été présentée comme la chiotte ! J'explique la logique : le bébé du chien, c'est le chiot et comme je suis une fille, ils ont pensé que le chiot féminin, c'était la chiotte ! N'importe quoi ! Et vive la référence !
Un autre surnom qui m'a été donné par l'humaine éducatrice du club canin, c'est le tonneau. Elle a osé dire que j'étais une labrador croisée tonneau ! Ça, c'est parce que j'avais quand même pas mal d'embonpoint quand j'étais petite. Mais ça m'allait bien. J'avais le droit de manger tout ce que je voulais. C'était vraiment la bonne époque. L'humaine de compagnie me défendait quand même là-dessus en disant que je ne suis pas une labrador croisée tonneau mais que je suis sa labradorée, la meilleure chienne du monde. C'est vrai ça : je fais plein de câlins et on me le rend bien. Pour dire, le jour où je suis arrivée dans ma famille d'accueil, l'humaine de compagnie s'est couchée dans l'herbe et je suis allée blottir ma tête dans son cou. J'ai fini par m'endormir comme ça, cou contre cou, tête contre tête et l'humaine n'osait plus bouger…
Il faut aussi que je vous parle de deux autres surnoms : raclure et teigne ! Voilà comment ils sont apparus : Manille était encore là quand je suis arrivée (on s'est croisée quelques jours) et son copain Eero est venu jouer avec elle à la maison. Ils couraient bien plus vite que moi tous les deux et

il fallait bien que je m'impose, à un moment donné, vu que je n'arrivais pas les rattraper à la course. Manille et Eero, à force de courir, allaient souvent boire en même temps et dans la même gamelle. Moi, à chaque fois qu'ils buvaient, je m'approchais discrètement, je me mettais entre les deux, je les éjectais tout doucement de la gamelle que je récupérais pour moi toute seule. Alors les humains m'appelaient la teigne ou la raclure. Il faut dire que Manille aimait bien jouer mais elle aimait aussi être tranquille de temps en temps et j'étais tout le temps après elle alors, j'avoue que ces surnoms-là, je ne les ai pas volés. J'y ai encore droit, de temps en temps, quand un autre chien vient à la maison car je suis tout le temps après lui, je ne le lâche pas une seconde.
Les humains utilisent aussi mon nom de famille lorsque je fais des bêtises. Il faut dire que je n'ai pas un nom facile à porter et il est un peu long. Je vais le révéler… C'est « Des bonnes bêches ». Ça fait à la fois noble et campagnard, un peu comme si j'étais une princesse des champs quoi… alors j'entends des phrases du style « Des bonnes bêches, qu'est-ce que tu as encore fait ! ». Il y a aussi de lourdes combinaisons comme celle-ci « Non, News des bonnes bêches, raclure va ! ». Si on analyse bien, on se rend compte que, dans cette phrase, il y a quatre fois mon nom !
Les humains gâtouillent à fond et, quand ils sont dans des séances de gâtouillages très prononcées (ça arrive plusieurs fois par jour quand même, voyez ce que je supporte !), ils m'appellent newnews ! Ils utilisent une voix aigüe pour le prononcer, tout à fait détestable. J'avoue, j'aime bien, quand même, leurs gâtouillages sinon je ne viendrais pas les chercher. Mais chut…
Enfin, il y a tous les noms sympas style : titite, pépéte, fifille, chiéchienne… Et j'en ai oubliés beaucoup. Ils en inventent presque tous les jours…

L'humour humain est particulier. J'ai eu le droit à de nombreuses blagues sur mon nom, surtout de la part d'humains que je ne connais même pas ! Il y a souvent : « Quelles sont les news, News ? » mais aussi : « Tu as de bonnes nouvelles, News ? ». Qu'est-ce que je dois répondre à ça ? L'autre jour, je sortais d'une salle de spectacle, et il y a un des humains acteurs qui a dit : « Vous devriez vous abonner à notre Newsletter ! ». Evidemment, je me suis retournée, je pensais que j'allais avoir le droit à une croquette ! Rien ! A la radio, j'entends régulièrement : « Et maintenant, c'est l'heure des News ! ». Là, je me demande ce que je dois faire et je crois même qu'on est plusieurs à être concernées dans l'affaire ! Ben oui, les news, c'est quand même beaucoup plus que la news... Mais il ne se passe jamais rien ! L'humaine a cherché plusieurs fois un pendentif en forme de journal à accrocher à mon collier ! Heureusement qu'elle n'a pas trouvé son bonheur ! Les humains se seraient encore plus marrés à mon propos !

Un souvenir que je voulais faire partager, c'est celui-là : quand je suis arrivée, j'ai tout de suite voulu m'imposer et mettre mes humains dans le bain sauf que c'est moi qui ai pris un bain ! Je suis tombée dans la piscine : une fois, la première journée (ça faisait à peine deux heures que j'étais arrivée), et deux fois encore, lors de la première semaine ! Direct ! Je ne me rappelle plus comment j'ai fait mon compte ! Les humains pensent à une mauvaise coordination de mes pattes. En tout cas, ce que j'ai découvert, et eux aussi, c'est que je sais parfaitement bien nager ! La piscine ne me plait pas trop finalement car lorsque je coordonne bien mes pattes, je ne cherche pas à y aller. En revanche, je ne manque ni les ruisseaux ni les flaques d'eau dans lesquels je saute et je m'éclabousse en courant sur place ! L'autre jour, je m'en suis donnée à cœur joie dans une magnifique flaque d'eau pleine de boue ! Je l'avais repérée bien avant les humains. Et j'ai foncé ! Un régal ! Je n'avais pas encore eu le temps de sécher que la balade était déjà terminée. Je n'arrive pas à sauter dans le coffre de la voiture car il est bien trop haut pour moi et je pense aussi que je profite du fait que l'on me porte. Je n'y mets pas vraiment de bonne volonté non plus. Du coup, après que l'humaine m'ait portée, elle avait son blouson complètement pourri et je ne parle même pas de l'état du coffre : poils, boue, eau ! Tout y était. L'humain de compagnie, le plus grand, était ravi à notre retour à la maison !

Quand j'étais toute petite, je me suis fait un copain humain et ça a bien fait rire l'humaine de compagnie. Un humain livreur est venu apporter un colis. L'humaine de compagnie attendait, dans l'entrebâillement de la porte, qu'il finisse de jouer avec le quatre-pattes d'en face. Quand l'humain livreur est enfin arrivé, il lui a expliqué à quel point il aimait les chiens. Donc, moi, j'étais tranquillement dans ma cage et mon humaine lui a proposé de me rencontrer. Il a volontiers accepté. Mon humaine de compagnie est venue me chercher et l'humain livreur s'est mis dans tous ses états ! Il s'est roulé par terre avec moi en me faisant une sacrée déclaration d'amour pleine de gâtouillage : « Papa aimerait bien rester

avec toi mais papa doit aller travailler ! Papa reviendra te voir ! Papa est content de passer un moment avec toi ! Tu veux venir travailler avec Papa ? ». L'humaine de compagnie a vraiment beaucoup rigolé. Vous vous rendez compte : il ne m'avait encore jamais vue et il se proclamait être mon papa et voulait me dognapper !
Je dois avoir beaucoup de succès car ce n'est pas la seule fois que ça m'est arrivé ! Je suis allée à une grande, très grande exposition et là, pareil ! Un humain exposant m'a vu arpenter les allées avec mes humains de compagnie. Incroyable ce qui s'est passé : il a quitté son stand pour venir se rouler par terre avec moi ! On a fait comme ça trois roulés boulés ! Les humains de compagnie ont pensé qu'ils étaient bons pour acheter la moitié de son stand mais non : il voulait juste se rouler par terre avec moi en gâtouillant lui aussi !
J'ai aussi une copine humaine qui est factrice. Elle vient souvent livrer des colis à la maison. J'adore lui faire la fête et elle me le rend bien, mais la dernière fois qu'elle est venue, je lui ai fait une sacrée blague ! Je lui ai piqué tout son trousseau de clés ! Je suis partie comme une furie à l'autre bout du jardin ! Ça avait l'air tellement précieux, ce truc, que je ne voulais pas le rendre ! J'ai hésité à aller le déposer dans les charmilles derrière le poulailler. J'y suis passée une fois avec le trousseau dans la gueule, mais je ne l'ai pas lâché ! Les humains auraient été en grosse galère pour aller le rechercher. J'ai été sympa sur ce coup-là : je l'ai quand même rendu. Ce qu'il faut savoir, c'est que je ne fais rien, mais alors rien, gratuitement ! Ils ont dû m'amadouer avec des croquettes ! Ils doivent le savoir, quand même que je ne travaille jamais à l'œil !

J'ai compris que la sonnette de la maison est une super copine. Chaque fois que je l'entends, les humains de compagnie ouvrent la porte et il se passe quelque chose de très sympa juste après. Le meilleur moment, c'était le jour d'Halloween ! La sonnette a sonné un nombre incalculable de fois cette soirée-là. Il y avait toujours des enfants derrière la porte avec des déguisements terrifiants. Normalement, ils auraient dû me faire peur avec leurs accoutrements. Ça, c'est ce que pensaient les humains de compagnie mais pas du tout ! C'est moi qui ai fait peur aux enfants et pourtant je les adore. Quand ils me voyaient, ils retournaient dans la rue en courant pour se cacher dans les jupons de leurs mamans. Comme ils couraient, moi aussi je courais. Ça les faisait pleurer et crier… Les mamans, elles, elles étaient sympas avec moi, elles me caressaient. C'était un peu le monde à l'envers, je crois ! Et pourtant, moi, personne ne m'avait déguisée.

Je me souviens aussi d'un événement rigolo. Quand j'étais toute petite, je suis allée à une présentation des chiens guides avec l'humaine de compagnie. J'ai rencontré des copains chiens qui étaient super sympas mais bien calmes à côté de moi. A un moment, nous sommes tous montés sur la scène. Là, je me suis crue au concours de Miss France. J'avais pris des conseils pour défiler auprès de Miss Lorraine qui habite dans mon village et sur qui je saute quand je suis dehors alors qu'elle fait de la marche ou du footing. Pour la parenthèse, elle repart toujours avec des tickets de pressing auprès de mes humains car combien de fois, je lui ai pourri le pantalon ! Donc, sur la scène, j'étais vraiment au top. Un beau déhanché, le regard haut, l'œil lumineux, je suis allée me mettre à ma place, bien en face du public et bien positionnée. Et là, je ne sais pas comment c'est venu mais c'est venu ! J'ai fait pipi ! Devant tout le monde ! Du coup, ce que je croyais être un concours de beauté s'est vite transformé en un spectacle comique. Je suis devenue humoriste en un rien de temps ! Les spectateurs ont bien rigolé. Même l'humaine de compagnie, qui m'avait pourtant sortie peu de temps avant pour mes besoins, s'est amusée malgré son regard de désolation !

Donc, quelques mois plus tard, mon choix concernant ma carrière d'humoriste a été confirmé lors du spectacle de Julien Strelzyk qui a beaucoup parlé de moi durant son show. Il faut dire que je l'ai provoqué en m'installant au premier rang. Il n'a pas l'habitude d'avoir des chiens comme spectateurs et, qui plus est, au premier rang ! Ça lui vole la vedette ! Sans vouloir l'offenser, je n'ai pas compris grand-chose à tout ce qu'il a raconté et j'ai préféré dormir (sauf quand il m'a provoquée avec son sifflet, alors là, je me réveillais et j'étais au taquet prête à monter sur scène. Il n'aurait eu qu'un mot à dire !). J'ai même fait un after avec Chulien (c'est comme ça que son nom se prononce du côté de chez lui nous a-t-il expliqué). Il a eu le droit à une léchouille sur sa tête en guise d'autographe de ma part qu'il a posté, en direct, sur son compte Facebook ! Et ça, passer sur Face de Bouc, pour les humains, c'est une sacrée reconnaissance, le début de la célébrité avec une ribambelle de vrais amis et des communautés toutes entières de fans ! Finalement, c'est vraiment décidé : je laisse tomber les concours de beauté et je me consacre à faire rire : mes humains sont mes premiers admirateurs ! Pour le moment, ce qui amuse toute la famille humaine, c'est que je m'entraine dur à choper des croquettes en plein vol. Je suis plutôt douée pour ça. D'ailleurs, si quelqu'un connait un concours, je pourrais certainement remporter un trophée…

Maintenant que je commence à grandir, je pense qu'il est de bon ton que je puisse imposer mes choix ! L'humaine, l'autre jour, avait des courses à faire. Elle m'a mis dans le coffre de la voiture pour que j'aille un peu travailler, comme elle dit. Encore que le nettoyage des dessous de rayons ne fasse pas vraiment partie du travail comme elle l'entend… Une fois sur le parking du magasin, j'ai refusé catégoriquement de sortir de la voiture ! Rien à faire, je n'irai pas au magasin ! L'humaine a cédé de fatigue et j'ai pu rester dans le coffre de la voiture ! Tant mieux ! C'est quand même sympa la sieste sur la moquette avec mes jouets ! Juste après avoir fini les courses, l'humaine s'est garée sur le parking de la forêt pour qu'on aille en détente. Soi-disant que c'était pour moi la détente mais, à voir sa tête du moment, je n'ai aucun complexe à dire qu'elle en avait plus besoin que moi ! Eh ben là, ni une ni deux, j'ai tout de suite sauté de la voiture ! Je choisis mes activités, moi ! On est allé faire la promenade dans les bois et ensuite, je ne voulais même plus rentrer dans le coffre. J'y ai été mise de force ! Le problème, c'est que l'humaine a réfléchi et elle m'a expliqué que ce comportement était inacceptable et que c'était elle qui avait le dernier mot à la maison ! « Une fois, pas deux, ces attitudes de la journée ! » a-t-elle dit ! Quand elle m'expliquait ça, j'ai bien vu qu'elle faisait une tête de marâtre et que je n'avais pas un grand avenir dans l'autonomie de mes décisions. J'étais un peu dégoutée, moi qui imaginais, dans quelques temps, dormir dans le lit des humains, aller sur leur canapé et obtenir le code de la carte bancaire !

Les humains ont dressé la liste des choses que j'ai cassées et/ou mangées. Cette liste n'est pas exhaustive. Je suis sûre qu'ils en ont oubliées encore beaucoup :

- Une leçon de mathématiques : je suis entrée furtivement dans la chambre de la jeune humaine. J'en profite dès qu'il y a la porte ouverte même si je sais que je n'en ai pas le droit ! Je sors toujours en courant pour brouiller les pistes. Mais les humains savent que si je cours, c'est que j'ai piqué quelque chose, si je marche normalement, c'est que je n'ai rien. J'avoue que je pique toujours quelque chose… Ça me fait penser qu'une fois j'avais même déchiqueté une peluche ! Cette fois-ci, c'était la leçon de maths. J'en ai fait des confettis, un peu comme ceux que je fais avec les mouchoirs en papier ! Une manière pour moi de commencer les préparatifs de carnaval !

- Des chaussettes : je les adore et je vais de plus en plus vite à les trouer ! Je les pique dans le panier à linge, dans les chambres et dans la salle de bain mais toujours de manière furtive car, même si je sais que je n'ai pas le droit d'aller dans ces pièces, je prends toujours le gauche !
- L'éponge des poules, celle qui sert à nettoyer la mangeoire : je l'ai repérée depuis longtemps, je l'ai prise un bon nombre de fois mais, à chaque fois, les humains m'interceptaient et me l'enlevaient de la gueule et, une fois, personne ne m'a surprise ! Après mon rapt, il ne restait plus grand-chose de l'éponge !
- Des bouchons d'oreille : il y en avait tout un paquet dans la camionnette de l'humain de compagnie ! Je les ai trouvés et j'en ai mangé quelques-uns. Ils sont ressortis intacts. Je pensais, en toute logique que, du coup, l'humain allait s'en servir de nouveau. Il pouvait largement mais il a préféré les jeter. Je n'ai pas compris !
- Un livre, des jouets et des peluches : ils n'avaient qu'à pas traîner par terre ! Les enfants qui sont venus à la maison n'avaient qu'à les ranger. On est bien d'accord, non ? Moi, je prête mes jouets alors pourquoi eux ne le feraient pas !
- Des crottes et des fientes de poules : je ne saurais dire à quel point je trouve que tout ça a du fumet, mais j'adore ces « aliments ». Je ne comprends même pas qu'ils ne soient pas vendus dans le commerce ! Ce seraient de belles récompenses ! En sachets de cinquante ! Minimum !
- Un poisson qui venait juste de sauter de l'aquarium : drôle de hasard ! Un poisson a sauté de l'aquarium devant mes yeux, juste au moment où je devais aller à la promenade. Ni une ni deux, je l'ai pris en gueule ! L'humaine l'a récupéré tout de suite et, comme il était encore vivant, elle l'a remis dans l'aquarium ! Il est reparti nager comme si de rien n'était ! Incroyable, non ? Dans la rubrique animalerie, j'ai réussi à manger une souris entière ! Mais je n'en ai pas profité longtemps : je l'ai vomie entière aussi !

- Les plantes : j'ai complètement retaillé une plante en lui donnant une forme d'arbre ! J'ai enlevé toutes les feuilles du bas. Je la préfère comme ça ! Les autres plantes ont également eu le droit à mes talents de jardinière. Elles étaient trop touffues, je leur ai permis de respirer un peu.
- Le téléphone fixe : pas si fixe que ça puisqu'il était sur le canapé, tout à ma disposition ! Je ne l'ai pas détruit car il m'a été enlevé avant. J'ai aussi tenté avec le portable ! Cet objet a l'air tellement précieux pour les humains, alors pourquoi pas pour moi ?
- Le pinceau du carpaccio : les humains faisaient des allers et retours entre le lave-vaisselle et la table pour la débarrasser. J'ai profité d'une seconde d'inattention de leur part pour aller chercher le pinceau qui était dans le lave-vaisselle. Et comme personne n'a rien vu, j'en ai profité pour le déguster. Il est ressorti à peu près comme les bouchons d'oreille et, contre toute-attente, l'humaine n'a pas souhaité s'en servir de nouveau. Là non plus je n'ai pas compris !
- Le mur de la cuisine : j'ai fait une tentative de rognage du mur de la cuisine mais, là, directement, j'ai eu droit à toute la colère des humains. Je n'ai pas (encore) recommencé ! Je me tâte car le grésé sous les dents, c'est sympa quand même ! A défaut, quelques jours plus tard, j'ai tenté une activité détapissage. Mes compétences n'ont pas du tout été appréciées.
- Une rallonge électrique : l'humaine entendait le bruit mais elle croyait que c'était celui de mon jouet indestructible. Je sais brouiller les pistes et, du coup, la rallonge est irrécupérable. Il parait qu'heureusement elle n'était pas branchée !
- Les casse-croûtes dans les sacs des collègues de mon humaine : j'ai réussi cela à deux reprises ! C'est de la provocation, des casse-croûtes dans des sacs à même le sol ! L'humaine était en train de discuter avec ses collègues et moi, pendant ce temps, tranquillement et discrètement, j'ai été dans le garde-manger récupérer les bonnes victuailles. Elles n'avaient qu'à pas être aussi bavardes, les humaines ! J'avoue que je n'ai pas pu tout manger, juste un petit bout, mais c'est déjà pas mal !
- Le vase du salon : après être allée rechercher un jouet peu accessible, une marche arrière mal négociée, couplée à de vifs mouvements de queue à hauteur du vase. Un classique quoi !

- Un globe de lampe : cette lampe n'a rien à faire posée sur le sol de toute façon. J'étais tranquille et, tout à coup, c'est un peu comme si une mouche m'avait piquée et je me suis mise à courir dans tous les sens dans le salon. La lampe n'a pas résisté à ma folie du moment.

Voilà mes premiers souvenirs. Je vais m'en construire bien d'autres encore durant mon adolescence à venir. Il faut que je vous précise que ma famille d'accueil a remplacé, dans son vocabulaire, le mot connerie par le mot newzerie !

Je laisse la parole à l'humaine de compagnie qui veut expliquer l'anecdote de la proposition de douche et qui souhaite raconter une histoire, un conte de Noël, dont je ne me rappelle plus rien. Il s'agirait d'un meurtre dont je suis la principale protagoniste, je crois, et là, je me demande clairement : « Mais où va-t-on ?! ». Il faut dire que le conte de Noël est tiré de faits bien réels, certes, mais, quand même, une partie est inventée... Allez, je vous donne un indice pour démontrer la fausseté de cette histoire : vous avez déjà entendu un bonhomme de neige parler, vous ?

Chapitre 5 : L'humaine raconte…

La proposition de douche

Comme tous les matins, News entre dans la salle de bain, et comme tous les matins, je lui demande de sortir. Comme tous les matins, elle me regarde avec des yeux qui feignent l'incompréhension jusqu'à ce que je la fasse sortir moi-même.
Un matin, après la version classique, j'ai tenté la variante suivante : « Sors ou tu prends une douche ! ». Je ne pourrai pas dire si c'est le fruit du hasard ou d'une compréhension du concept de douche (elle en a eu une le dimanche précédent en rentrant, noire et brune de terre, du club canin), mais j'ai assisté à un retournement sauté quasi réflexe et à une course à pleines enjambées vers l'extérieur de la salle de bain...
Là où elle a encore réussi à marquer des points, c'est que sa course folle l'a menée directement à la corbeille à papier du bureau où elle est allée choisir de quoi redécorer le sol...
Interception faite, elle s'est endormie sous la table de la salle à manger...

Le conte des meurtres de Noël de News tiré de faits réels !

Cette histoire ne saurait être racontée par News qui profite d'une profonde amnésie à son propos et l'on comprend bien pourquoi à sa lecture.
Nous avons, quelques semaines avant Noël, décidé de décorer la maison avec un sapin de Noël dans le salon. Et comme nous avions acheté, il y a quelques années, un village de Noël avec ses habitants, pour mettre sous le sapin, nous avons pris le risque de l'installer malgré la « bêêêête » !
Dans la journée, plusieurs tentatives d'assaut ont facilement été déjouées. Mais la scène d'une rare violence a eu lieu la nuit. Tapie dans l'ombre, News, qui a très certainement dû ressasser le scénario plusieurs fois au cours de l'après-midi, s'est jetée, de sang-froid, sur une pauvre passante en robe longue qui rentrait chez elle, très certainement après une soirée bien arrosée. Elle l'a saisie, l'a fait valser dans les airs puis elle l'a décapitée en un seul coup de dents ! Malgré le témoignage du bonhomme de neige, traumatisé par l'effroyable scène à laquelle il a assisté, les enquêteurs n'ont jamais pu retrouver la tête de la passante. Toujours sous le choc, un jeune couple, sorti pour profiter des illuminations de la ville, précise que, dans sa folie meurtrière, News a

coupé deux sapins et détruit un réverbère ! Personne n'a encore aperçu les agents communaux, toujours cachés dans le confessionnal de l'église, pour leur demander si une réparation du réverbère était envisageable. Seule la tisane « Emile Louis » a permis à News de se calmer et de reprendre une vie normale, après ce terrible meurtre perpétré de sang-froid.
Mais, contre toute attente, l'histoire ne s'arrête pas là... Le lendemain, la passante en robe longue continuait à roder dans le village sous forme d'un fantôme sans tête. News n'a pas du tout accepté cette provocation ! En pleine journée, sous les yeux de tous, sans aucune inhibition, elle a décidé d'en découdre, pour de bon, avec cette femme rebelle. Elle l'a achevée ! La scène ne pourrait être décrite au risque de heurter la sensibilité des plus fragiles. Dénoncée par le bonhomme de neige concernant son crime de la veille, elle n'a pas voulu laisser passer un tel grief même si les propos tenus n'avaient rien de calomnieux. Elle a attendu quelques instants que la foule de spectateurs se dissipe pour s'attaquer à celui qu'elle surnomme désormais « Snow man la balance ». Des bruits bizarres ont mis la puce à l'oreille des patrouilleurs à propos des crimes, maintenant perpétrés en série, et fort heureusement, le bonhomme de neige a pu être sauvé de la gueule de la bête féroce. News a été corrigée par des « non » fermes et appuyés et d'autres mots dont plus personne ne se rappelle les avoir prononcés. Depuis, c'est le black-out pour elle d'autant que la femme sans tête a fini par être enterrée en héroïne, ne titillant ainsi plus les ardeurs meurtrières de News. Snow man la balance a déménagé dans une autre contrée. Le jeune couple a mis sa maison en vente, sans succès, car le village de Noël souffre maintenant d'une telle réputation que personne ne veut désormais y vivre, tel Gold Hill, ce village devenu un village fantôme. Les squelettes des employés communaux ont d'ailleurs été retrouvés quelques jours plus tard dans le confessionnal, ceux-ci ayant préféré en finir, grâce au poison, plutôt que passer entre les terribles mâchoires de News.

Chapitre 6 : Période adolescente

Je préfère reprendre la parole car je reste persuadée que le conte de Noël où je suis l'actrice principale est une pure calomnie ! J'ai maintenant grandi et je vis mon adolescence à fond les manettes. C'est une période pour moi de grandes expériences. Comme une scientifique, j'ai testé plein de choses nouvelles. Je vais vous relater mes divers essais...

Le manège à sensations

J'ai été affectée chez des humains qui aiment particulièrement les manèges à sensations. Un soir, ils discutaient entre eux de plusieurs tours de manèges à sensations qu'ils avaient faits et, à les entendre, ça avait l'air vraiment super. Je sais aussi, pour aller travailler avec l'humaine de compagnie, qu'elle raconte souvent aux autres humains avec qui elle discute qu'il faut savoir agir pour saisir les opportunités de la vie. Pour la parenthèse, je tiens à dire que le mot travail est largement exagéré concernant l'humaine de compagnie car, objectivement, je ne l'ai jamais vu travailler : avec ses mains, elle sait tout juste tenir un stylo et taper à l'ordinateur ! Elle passe ses journées uniquement à discuter avec d'autres humains, pas de quoi se fatiguer, ni se mettre la rate au court bouillon ! On est bien d'accord ? Ce n'est pas très violent et le pire : il parait qu'elle est rémunérée pour ça ! Je referme la parenthèse.

J'en reviens donc à mon histoire : 1) j'ai compris que les manèges à sensations c'est top et 2) qu'il faut agir pour saisir les opportunités de la vie. Un jour, l'humaine a déposé une bassine en haut de l'escalier. Quelle aubaine ! La bassine allait me servir de wagon et l'escalier de rail ! Ni une, ni deux, à peine l'humaine s'était-elle éloignée, que je sautais dans la bassine ! Avec l'élan de mon saut, la bassine a été propulsée, comme prévu, dans l'escalier que j'ai aussitôt dévalé ! Les premières secondes, j'avoue que c'était plutôt cool ! Je me suis ensuite assez rapidement encastrée, avec la bassine, dans la porte du garage. L'emboutissage final n'était pas du tout à la hauteur de mes attentes. Il est arrivé bien trop rapidement pour que je puisse savourer les premiers instants de la descente. Morale de l'histoire : je ne me suis plus jamais précipitée dans les bassines abandonnées en haut de l'escalier ! Les manèges à sensations, c'est plutôt nul et je réfléchirai maintenant à deux fois avant d'agir pour saisir les opportunités de la vie...

L'effet papillon

Comme je suis plutôt opiniâtre dans mon envie de tester plein de nouvelles choses, je me suis lancée dans une expérience scientifique : l'effet papillon. J'ai appris, je ne sais par quel hasard, qu'il existe une hypothèse selon laquelle le battement d'ailes d'un papillon au Brésil pourrait provoquer une tornade au Texas. J'ai donc profité d'une sortie au supermarché pour tester cette théorie. J'ai saisi une bonne aubaine pour ma cause, sans avoir la moindre idée des conséquences qu'elle allait produire. Et je n'ai pas été déçue, je dois bien l'avouer. A un moment, pendant les courses, je me suis retrouvée attachée au caddie. C'était, parait-il, plus facile pour l'humaine de compagnie pour admirer le paquet de yaourts qu'elle voulait acheter. Allez savoir pourquoi mais l'humaine a eu besoin de ses deux mains pour retourner son paquet de yaourts dans tous les sens. C'est là que j'ai cherché mes ailes de papillon, mais je ne les ai pas trouvées. A défaut, j'ai utilisé mes pattes pour me précipiter vers un merveilleux déchet situé sous le rayon d'à côté. Dans mon élan, j'ai, bien évidemment, entraîné le caddie. L'humaine de compagnie a voulu tester ses réflexes et rattraper le caddie. Oui mais... J'avais précisé qu'elle n'est pas très douée avec ses mains... Eh bien, plus personne ne se rappelle comment c'est arrivé mais le paquet de yaourts a volé dans les airs et s'est lamentablement écrasé sur le sol ! Les yaourts étaient complètement explosés ! Avant que l'humaine, qui a plutôt le cerveau lent, ne trouve une solution pour gérer, à la fois, le caddie parti avec moi et les yaourts explosés, j'ai compris que j'avais une carte à jouer ! Demi-tour ! J'ai laissé mon précieux déchet pour déguster les yaourts. Que c'était bon ! J'aime vraiment bien l'effet papillon ! L'humaine de compagnie a commencé à vouloir faire un peu de nettoyage, mais comme elle était seule, elle n'arrivait pas à maîtriser ma gourmandise (je ne voulais rien lâcher), son caddie, son sac à main, son explosion de yaourts, ses mouchoirs en papier (seuls outils à sa disposition pour faire un peu de ménage !)... Les humains clients pensaient que c'était un spectacle comique (oui, j'avais dit précédemment que je voulais me lancer dans une carrière d'humoriste...). Donc, soit ils rigolaient, soit ils nous regardaient bizarrement mais personne n'est intervenu, ce qui dépitait encore plus l'humaine de compagnie... Fallait voir sa tête : elle avait la tête du désespoir ! Au bout d'un moment, un autre papillon, déguisé sous l'habit d'un agent d'entretien, est passé par là et l'humaine de compagnie lui a demandé s'il pouvait l'aider à débarrasser les yaourts éventrés. Elle se confondait en

excuses : c'était exquis à entendre car, à moi, elle n'en fait jamais des excuses ! Cela dit, ça a cassé mon effet papillon : ma dégustation s'est ainsi terminée. Zut !
Conclusion de l'effet papillon : une seule cause peut entrainer plusieurs conséquences dont des bonnes et des mauvaises qui peuvent impliquer plusieurs autres protagonistes, de surcroit ! Je garde donc cette idée de test pour l'avenir. Je ne sais pas quand je vais réessayer ce test ni à quel sujet exactement mais ça c'est sûr : je vais bel et bien le réessayer car, moi, je n'ai eu que les conséquences positives !

Le combat contre le sapin de Noël
Un jour, les humains ont décidé d'amener dans la maison un objet complètement inutile, provocateur et qui allait empiéter pas mal mon territoire. Il s'agissait d'un sapin de Noël ! Et ils l'ont décoré de surcroit ! Je ne souhaitais pas laisser passer cet affront et ma mission était de combattre cet objet dénué de sens. Le combat a eu lieu en plusieurs rounds.
Premier round : j'ai tenté de procéder comme Manille, l'année précédente : aller sous les branches du bas du sapin pour me cacher. Disons que, ça, c'était vraiment l'objectif de Manille car elle était bien plus petite que moi. Et elle m'a expliqué, avant de partir, que ça démontait les branches. Manille allait s'y cacher tous les jours et même plusieurs fois par jour. Et plusieurs fois par jour, les humains devaient reconstituer le sapin ! Du coup, j'ai tenté de les avoir à l'usure : d'abord j'allais m'attaquer aux branches du bas et, ensuite, comme je suis plus grande que ne l'était Manille à la même époque, j'allais monter de plus en plus… Sauf que mon grand âge a rendu les humains de compagnie beaucoup moins tolérants qu'ils ne l'étaient avec ma consœur. Je n'ai pu y aller que deux fois. Premier round : humains gagnants !
Deuxième round : non contents d'avoir positionné le sapin, les humains de compagnie ont également installé, en-dessous, un village de Noël ! Une absurdité ! Je me suis attaquée, à plusieurs reprises, aux petits personnages du village de Noël que j'ai réussi à éliminer un par un. Il me semble que l'humaine en avait touché quelques mots quand elle a voulu reprendre la parole ! Là, je dois dire que j'ai remporté le deuxième round ! Je pensais que, de ce fait, ils allaient se débarrasser complètement du village de Noël. Mais non ! Ils ont laissé les maisons seules ! Ils n'ont

vraiment aucun goût ! Pas grave, je suis quand même victorieuse sur ce round !

Troisième round : un jour, mon copain Eero est venu me rendre visite. C'est vrai que, quand il vient me voir, on est complètement déchainés tous les deux. Il a eu une idée formidable qu'il n'a pas eu besoin de m'expliquer deux fois ! On a pris chacun un boa en plumes dans la gueule (c'est ce qui servait de guirlandes sur le sapin : quand je vous dis que leurs goûts sont limite !) et on a couru autour de la table de la salle à manger, chacun avec notre boa virevoltant dans les airs ! Au moins, on avait déjà déplumé le bas du sapin ! Mais les humains ont décidé de récupérer les boas, et, malgré la bave qu'on avait mise dessus, de les repositionner sur le sapin ! Pourtant, on avait fait de notre mieux pour bien les souiller ! Je ne ferai aucun commentaire sur l'hygiène humaine ! Eero et moi, qui étions déchainés par la joie de nous retrouver pour cette belle mission, nous nous sommes retrouvés enchainés dans le parc à chiots ! Comme on est des grands, on a réussi une première évasion mais la deuxième tentative n'a pas abouti ! Je peux admettre que le troisième round a été remporté par les humains de compagnie !

Quatrième round : le sapin a été long à confectionner. Les humains ont acheté des cadres en carton en guise de boules, ont choisi des photos, ont attendu que les photos soient développées pour les présenter dans les cadres. Comble de la provocation : ils ont accroché des sucres d'orge au sapin ainsi que des pots de Nutella miniatures, comme si je n'allais pas avoir envie d'en manger ! Bref, tout était presqu'au point pour eux et moi je comprenais que ce sapin allait encore durer, ce qui me semblait de plus en plus insupportable ! Je me suis attaquée aux branches, aux personnages du village de Noël et aux boas en plumes. J'ai tenté de manger un ou deux sucres d'orge. Il ne me restait plus qu'à m'en prendre aux cadres photos. Je l'ai dit : je suis acharnée dans mes idées. Une fois, j'ai fait tomber quelques cadres photos que j'ai déchiquetés. J'ai été disputée alors j'ai fait profil bas pendant quelques jours, le temps d'élaborer un plan. J'ai décidé d'agir en pleine nuit pour être plus discrète. Une nuit, à trois heures du matin, j'ai chopé directement cinq cadres photos ! Je les ai réduits en miette ! Je peux dire que j'ai refait la déco, moi ! Mais l'humaine a entendu les bruits de mon œuvre ! Elle s'est levée et m'a disputée (je n'en attendais pas moins, mais je tiens à préciser que c'est plutôt comique de se faire engueuler à voix basse pour ne pas réveiller les autres humains qui ont, tout de même, fini réveillés !).

Ensuite, elle m'a donné mon altère en bois. Je lui ai montré que j'étais d'accord pour attaquer mon altère, mais je dois avouer, qu'en fait, ce n'était rien d'autre qu'une stratégie pour tromper l'ennemie ! Quelques minutes après qu'elle se soit recouchée, j'ai recommencé à attaquer encore trois autres cadres. Je reconnais que j'aurais pu attendre encore un peu plus pour qu'elle s'endorme complètement. Je le saurai pour mes prochaines newzeries... Bref, elle s'est levée, pas du tout joyeuse ; encore moins que les cinq minutes auparavant et j'ai fini attachée au canapé pour le restant de la nuit et les nuits suivantes. Comme j'ai dormi attachée quelques nuits, les humains m'ont laissé un peu de lest et ont décidé de me permettre de dormir de nouveau en liberté ! Une erreur de leur part car, aussitôt, je me suis refait quelques cadres ! Leur sapin commençait à ne plus ressembler à rien : des boas mal positionnés en bas, les cadres de derrière remis devant sans, finalement, plus aucune décoration à l'arrière du sapin. Quant à moi, j'ai fini attachée toutes les nuits au canapé jusqu'à Noël et bien plus encore ! Sur ce round, on peut plaider pour l'égalité !
Toutefois, je dois dire que la victoire finale me revient car les humains, qui ont bien compris que je détestais leur sapin de Noël, l'ont enlevé le vingt-six décembre au matin ! Ils devaient le garder un peu plus longtemps, mais ils ont été sympas avec moi.

Le maquillage

Quand on regarde mes humains de compagnie, on peut observer qu'ils ont des taches brunes sur le visage et le corps. Ils appellent ça des taches de rousseur et des grains de beauté. J'en déduis qu'ils sont particulièrement beaux ! Encore qu'honnêtement, j'ai beau les observer, je reste persuadée que c'est moi la plus belle même si, en me regardant dans le miroir, je ne vois pas ces trucs bruns sur mon visage et mon corps ! D'ailleurs, pour preuve intangible, ils me répètent plusieurs fois par jour que je suis la plus belle et la meilleure. Je ne peux que leur faire confiance ! Je n'oserais pas, un seul instant, mettre leur parole en doute à ce propos ! Malgré tout, j'ai quand même voulu savoir si je serais encore plus belle si, moi aussi, j'avais des taches de rousseur et des grains de beauté.
Un jour, je suis allée au travail avec l'humaine de compagnie. Pour une fois, elle a reçu tout un groupe d'humains pour discuter. Ils n'ont rien fait d'autre d'ailleurs ! J'insiste : peut-on parler de travail ? Bref... Quand les humains sont rentrés dans la salle, j'en ai repéré une un peu particulière...

Comme tous les autres, elle avait plusieurs sacs à poser, son manteau et tous ses accessoires à enlever. Mais, en plus de tout ça, elle avait un chocolat chaud dans les mains ! Je dois dire que j'ai bien focalisé sur le chocolat chaud. Dès que l'humaine de compagnie m'a lâchée dans la salle, j'ai foncé sur le gobelet que l'autre humaine avait posé sur la table pendant qu'elle se préparait tranquillement à s'asseoir ! Mon humaine m'a immédiatement ordonné de poser mes quatre pattes au sol et là, j'ai pu bénéficier d'une douche de chocolat chaud ! J'ai eu plein de taches de rousseur et un beau grain de beauté à côté de l'oreille ! J'étais bien jolie comme ça, mais on voyait que c'était du faux quand même. Et comme il n'y avait pas de quoi me nettoyer tout de suite, j'ai paradé toute la journée avec mon beau maquillage ! J'ai voulu donner un coup de main pour astiquer le sol à gros coups de langue mais, pour une fois, l'humaine a été vive et m'a très vite écartée de la scène ! Dommage pour moi.

Mon nouveau surnom

Mon entrée dans l'adolescence m'a conféré un nouveau surnom : butor ! C'est vrai que je n'ai pas gagné en délicatesse ni en finesse dans mes mouvements. Quand les humains me demandent d'aller à ma place, pour peu qu'ils brandissent un morceau de fromage, je deviens complètement folle ! Rien ne me rend plus hystérique que le fromage. J'en perds mes moyens ! Du coup, je bondis sur mon matelas. Dans mon élan, je butte contre le canapé qui se déplace automatiquement de quelques centimètres. Le canapé se jette alors tout seul contre les petites tables basses qu'il décale aussi de quelques centimètres. Heureusement qu'elles sont en béton ciré sinon elles se seraient jetées elles-mêmes contre le mur de la maison ! Elles sont sympas les tables basses, elles s'arrêtent chaque fois juste avant le mur ! Je suis une chienne enthousiaste, c'est comme ça ! Quoique je fasse, je le fais avec conviction et comme je ne me rends pas compte de la force de mon corps d'ado, il y a souvent des dommages collatéraux qui me valent ce beau surnom de butor…

La soumission à mes désirs

Mes humains de compagnie passent un certain temps, voire un temps certain, assis à leur bureau devant leur ordinateur. Quand c'est comme ça, le temps passe vite pour eux sans qu'ils ne s'en rendent compte. Moi, je trouve le rythme bien plus lent. Je veux bien m'occuper un peu toute seule, éventuellement, je veux bien dormir mais, tout de même, à un moment, il est essentiel que je montre que j'existe. Au début, je ne savais pas trop comment m'y prendre mais, en grandissant, j'ai découvert une stratégie qui fonctionne à tous les coups. Les humains sont assis sur des chaises de bureau avec accoudoirs. Alors, j'arrive tout doucement, je passe mon museau entre leur bras et le dossier de la chaise et je tire d'un coup sec leur bras avec mon museau. Leur coude tombe alors de l'accoudoir et leur main est ainsi toute disponible pour me papouiller ou jouer avec moi. En principe, ça les fait rigoler et je récolte ce que je désire. En parallèle, je sais que cette action provoque, à tous les coups, une bêtise sur l'ordinateur surtout quand ils ont la souris dans les mains au moment de mon coup de museau ! J'ai même réussi à faire perdre des parties de jeux vidéo mondialement importantes à mon humain en chef ! Mais il est bon public et s'occupe de moi quand même ! J'ai pas mal de crédits avant que mes humains ne s'énervent. Je suis entêtée : dès qu'ils se repositionnent bien devant l'ordinateur, hop : un coup de museau ! Je réussis même à les faire lever de leur chaise ! Je suis douée, non ?

La scène romantique

Un jour, les humains de compagnie regardaient une comédie romantique. Il y avait une scène où l'humain du film était seul chez l'humaine du film et il a eu une idée un peu particulière : il a fait un chemin avec des pétales de roses dans la maison et il s'est mis tout nu sur son lit en attendant l'humaine. Mon humaine à moi a dit à mon humain à moi : « C'est sympa ça ! Quand est-ce que tu me fais la même chose ? » Sauf que j'ai bien vu que mon humain n'avait pas l'air emballé du tout ! Un jour où toutes les conditions étaient réunies, j'ai voulu faire moi-même plaisir à l'humaine et j'ai reconstitué la scène (disons à quelques détails près...). Déjà, bonne aubaine : pour une fois l'humaine m'avait laissé seule pour m'apprendre la solitude, soi-disant. Elle n'allait pas le regretter ! Mais je n'avais pas de pétales de roses. Ce n'est pas grave. Je ne me suis pas démontée ! Ça faisait des jours et des jours que j'avais repéré le beau ficus de la salle à manger. Petite, je m'y étais attaquée à plusieurs reprises, mais j'avais laissé tomber à force de me faire disputer. Là, j'étais seule, donc pas de dispute possible. J'ai démonté les feuilles et les branches du ficus. Je les ai dispersées dans l'entrée, dans le salon, dans la salle à manger et dans la cuisine. J'ai fait mieux que l'humain du film qui avait travaillé à l'économie : il s'était contenté de faire un chemin tout simplement ! Moi j'en ai mis dans tous les coins et dans tous les milieux ! Et comme dans le

film, j'étais complètement nue (je n'avais pas de collier) et je suis allée attendre l'humaine sur mon matelas à moi ! Je me suis trouvée parfaite dans ce remake, mais, quand l'humaine est rentrée, elle n'a pas trouvé la scène parfaite, elle ! J'en viens à penser qu'elle ne sait pas ce qu'elle veut ! Elle demande à son humain de refaire comme dans le film et quand c'est moi qui rends service, ça ne va pas ! Pfffffff ! Je n'y comprends rien.
L'humaine a sorti un balai ! Je croyais, vu l'instrument, qu'on allait jouer ! Mais en fait, elle voulait enlever toute ma reconstitution. Comme je sautillais après le balai en voulant attraper le manche (un beau bâton en bois), je redispersais les feuilles et les branches du ficus déjà regroupées et j'ai fini attachée le temps que tout soit propre ! Ce n'est vraiment pas sympa. Aucun sens de l'amusement, cette humaine ! Une vraie rabat-joie !
Et je dois préciser que je me suis fait avoir car j'ai détruit six jours plus tard le deuxième ficus du salon (une attaque nocturne comme je sais bien les commettre) et, le matin, j'étais malade... Vraiment pas belle à regarder avec des pleurs en plus ! C'est pour ça que j'ai été définitivement attachée, toutes les nuits !
Cela dit, ça a été, pour les humains, l'occasion de refaire leur bac à plantes. Je crois qu'ils ont pris des actions chez Botanic pour célébrer l'événement.
Je ne détaillerai pas toutes les fois où j'ai été disputée pour avoir détruit et mangé des plantes et ça depuis toute petite ! C'est mon péché mignon (avec les corbeilles à papier et les gobelets, feuilles, mouchoirs et sacs en plastique qu'il y a dedans). Mes humains de compagnie ne comptent plus le nombre de plantes qu'ils ont remplacées dans le salon. Même si je dors systématiquement attachée au canapé la nuit, dès qu'ils ont un moment d'inattention ou un oubli, j'y vais : je me fais une plante que j'ai préalablement repérée. Ça peut prendre du temps avant que j'aie un créneau, mais j'y arrive quand même...

Les besoins en public

J'ai entendu parler de Louis XIV. Il parait que c'était un roi humain fort célèbre qui a eu beaucoup de pouvoir. La petite humaine le cite souvent en référence quand on lui demande de prendre sa douche. Elle dit toujours que Louis XIV n'a pris que deux bains dans sa vie ! Moi, j'ai compté, j'ai pris quelques bains, mais je ne me lave pas autant que mes humains ! J'ai appris aussi que Louis XIV faisait ses besoins en public à la plus grande satisfaction de tous. Comme, d'un point de vue hygiène, je ressemble pas mal à Louis XIV, je me suis dit qu'il fallait que je teste les besoins en public. Pas simplement au caniveau près de chez moi car, là, la plupart du temps, personne ne me voit. Non ! J'attendrai que je sois dans un endroit fort fréquenté ! Un samedi, mes humains m'ont amenée dans un hypermarché. J'avais bien l'occasion de faire mes besoins avant d'y entrer (ils me l'ont d'ailleurs proposé plusieurs fois) mais je me suis retenue pour le grand moment ! Les humains attendaient sagement à l'accueil. Ben oui, le samedi matin, il y a pas mal de monde. C'est là que j'ai décidé de produire mon œuvre d'art. Une merveille aussi bien visuelle qu'olfactive ! L'effet n'a pas du tout été le même que pour Louis XIV ! Terminé : je ne veux plus entendre parler de lui ! Je ne serai jamais la reine soleil !

Le problème de corbeille à papier

Ce jour-là, je n'ai rien expérimenté du tout, en tout cas, aucune idée géniale n'émanait de mon fabuleux cerveau ! Mais j'ai tout de même bien aimé l'anecdote, alors je la raconte… Un matin, je suis allée au travail avec mon humaine de compagnie. L'humain formateur de la salle d'à côté a voulu me prendre dans sa salle avec ses humains stagiaires. L'humaine a accepté que j'y aille et elle lui a précisé que j'avais un intérêt tout particulier pour les corbeilles à papier et leur contenu. L'humain formateur a donc enlevé la corbeille et l'a posée sur son bureau. Au bout d'un certain temps, mon humaine de compagnie est venue voir si tout se passait bien. Elle a tout de suite repéré que la corbeille était, à nouveau, posée au sol et que, moi, je mâchouillais quelque chose. Un humain stagiaire lui a expliqué qu'il a lancé un papier dans la corbeille et que je l'ai récupéré ! OK, mais ceci n'expliquait quand même pas pourquoi la corbeille était au sol. Finalement, mon humaine a appris qu'elle a été redescendue du bureau parce qu'elle gênait son collègue, l'humain formateur. Mon humaine lui a tout logiquement proposé de me reprendre pour éviter les problèmes et là, elle a eu comme réponse : « Ce n'est pas un problème de chienne, c'est un problème de corbeille à papier ! Tu prends donc la corbeille ! ». Et là, mort de rire : mon humaine s'est rapidement retrouvée avec une corbeille dans les mains ! Elle n'a pas trop compris ce qui lui est arrivé ! Et vous auriez vu sa tête ! Mais tout le monde s'en est bien amusé, moi la première et elle la deuxième !

La chasse aux canards

Il parait que la fonction première des labradors, c'est d'aller à la chasse aux canards. Alors pour faire honneur à mes ancêtres, j'ai tenté ce métier de chasseuse de canards ! Pour la parenthèse, je précise que deux jours avant ma partie de chasse, je me suis éclatée dans les flaques d'eau de la réserve de purin. Mes humains de compagnie n'avaient pas d'autre choix, selon eux, que de remplacer l'odeur du purin par l'odeur du shampooing. Même avec la grippe et le nez bouché, ils arrivaient à sentir que je sentais ! Moi, ça ne me dérangeait pas, l'odeur du purin, en tout cas moins que l'expérience de la douche où je suis restée prostrée tout le temps nécessaire à mon changement d'odeur ! J'en reviens à ma partie de chasse… Je suis allée me promener au plan d'eau. Et il y avait des canards, beaucoup de canards… J'ai été attirée par eux comme la misère sur le pauvre d'autant plus qu'ils volent beaucoup moins haut que les corbeaux et les pigeons (qui m'attirent également). La première fois, mon humaine m'a rappelée et je suis revenue la voir (j'aime encore trop les croquettes). Idem pour la deuxième et la troisième fois mais, la quatrième fois, rien à faire ! J'ai fait un plongeon, telle une championne olympique, dans le plan d'eau. Je n'avais pas prévu que, par moins trois degrés, l'eau puisse être aussi froide. J'ai donc fait demi-tour, illico presto, et j'ai nagé jusqu'au bord du plan d'eau. Je suis sortie rapidement de là, mais bredouille ! Et je n'ai plus eu envie d'y retourner ! Je me demande comment procédaient mes ancêtres pour ramener les canards… Le lendemain, j'ai appris que les plaques de glace, c'est rigolo, mais beaucoup moins quand elles cassent sous le poids de mes quatre pattes…

La plâtrerie

Je ne détaillerai pas ma grosse dispute pour avoir gratté le mur avec mes dents. Ce n'est pas comme ça que font les plâtriers ? Pourtant mon humaine entendait un bruit bizarre, mais elle était bien trop concentrée sur autre chose. Notez que j'ai écrit « concentrée » en un seul mot. J'aurais pu largement l'écrire en deux mots dans ce contexte bien particulier ! Le temps que son cerveau se mette réellement en marche et qu'elle percute que le bruit n'était pas normal, j'avais enlevé un bout de fibre et de plâtre. L'enduit de rebouchage, ça sert bien à quelque chose, non ? Autant l'utiliser de temps en temps, sinon il traîne dans le garage et après il est foutu… Je rends service !

C'est sur ces quelques anecdotes que je rentre à l'école des chiens guides à l'âge de huit mois et demi... Je ne doute pas que, là-bas, je vais devenir plus sage et plus mature. Je suis bien décidée à apprendre aussi plein de nouvelles choses que je ne soupçonne encore même pas. Mes humains regrettent déjà tous les câlins que je leur ai faits car, malgré tout, je détiens la palme de la chienne la plus pot de colle et affectueuse... Moi, je regrette déjà les gratouilles sur le ventre et sous les bras : je ne dis jamais non (ça m'endort)...

Chapitre 7 : Dure nouvelle, cette réforme

News est rentrée à l'école depuis plusieurs semaines et aujourd'hui, on reçoit un coup de fil pour nous annoncer une très dure nouvelle : News est réformée ! Elle ne sera jamais chienne guide, ce à quoi elle était initialement destinée. Je crois que même, si au fil de ces derniers jours, on s'en doutait, en réalité, on n'est jamais vraiment prêt à ça ! On garde espoir au fond de nous que les petits problèmes qui nous sont relatés au fil de l'eau vont s'arranger, mais les petits problèmes ne sont finalement pas si petits que ça et deviennent même très problématiques pour le métier de chienne guide. Cette nouvelle n'est vraiment pas simple à gérer.

On accueille un chiot dans le but qu'il vienne en aide, un jour, à une personne déficiente visuelle. On se le met en tête tout au long des mois qu'il passe avec nous en sociabilisation. On essaie de donner le meilleur de nous-même : du temps, de l'amour, de l'énergie... Bien sûr on n'est pas parfait, mais on fait du mieux que l'on peut avec ce que l'on est.

Et puis le premier déchirement arrive : notre chiot rentre à l'école. Il nous quitte. C'est dur... Alors oui, pendant des mois, on dit « notre » chiot même si on sait, au fond de nous, que ce n'est pas le nôtre et qu'on se le répète tous les jours. Bien évidemment, le départ arrive trop tôt. On n'est jamais vraiment prêt. On a envie de gratter encore quelques semaines, quelques jours, quelques heures, de profiter encore de notre petite frimousse et de ses bêtises. Mais voilà, on se résigne à le ramener, accompagnés de plusieurs paquets de mouchoirs en papier. Et finalement, tout en étant triste, on est content de savoir ce qu'il va apprendre, comment ça va se passer... On gère doucement la séparation en se persuadant, malgré tous les réflexes d'anthropomorphisme qui reviennent au galop, qu'il est bien là où il est. Quand on vient le rechercher les deux premiers week-ends, on constate qu'il est content d'être à l'école, que la relation est bonne avec l'éducateur. Alors, on continue notre chemin, rassurés par ce que l'on voit et l'on l'imagine déjà cette remise à une personne déficiente visuelle qui va arriver dans quelques mois...

Et puis les nouvelles, très bonnes au début, commencent à se ternir. On garde espoir malgré tout. On se dit que si son destin n'est pas de devenir chienne guide, l'évidence est de la garder pour nous. Oui mais non ! Ce n'est pas le but ! Ce n'est pas ce qui était prévu au départ. On avait bien l'intention de s'investir pour plusieurs années dans la sociabilisation des chiots, certainement pas une décennie, mais au moins quelques années. Et puis, on en vient à culpabiliser. Pourquoi ces peurs qui apparaissent subitement alors qu'elle n'en avait jamais eues, qu'elle était bien dans ses pattes. Les suivis se sont bien passés. Les séances complémentaires au club canin étaient positives. A côté de quoi est-on passé ? Qu'est-ce qu'on a raté ? On se refait le film à l'envers. On n'a pas tellement de raison de culpabiliser car on a fait du mieux qu'on a pu mais ce sentiment arrive tout de même. Et la nouvelle tant redoutée tombe : réformée !

Alors, bien sûr, c'est toujours plus simple de penser que ce sera le chien des autres qui sera réformé, pas le nôtre... Mais cette fois, c'est le nôtre. Cette information-là, dont on espère qu'elle n'arrivera jamais, finit par tomber ! On se trouve face au dilemme : adoption ou pas ! Et ce qui était soi-disant une évidence de la garder pour nous n'en est plus une ! C'est juste cette impression d'avoir volé quelqu'un, d'avoir échoué, de laisser encore deux ans d'attente à une personne qui en aura plus besoin que nous.

Car oui, c'est une chienne formidable ! Ce sera une chienne de compagnie formidable. Pour l'instant, mes larmes continuent de couler et elle vient me câliner... Mais voilà, son espérance de vie est plus courte que la nôtre alors c'était facile d'imaginer avoir des chiens jeunes pendant plusieurs années qu'on ne verra pas vieillir, qu'on ne verra pas mourir... Car quand on n'a pas de chien, on reste loin d'imaginer ce que peut nous apporter réellement un chien ! Et puis, elle perdra son statut d'élève chien guide où elle avait accès à tous les lieux publics. Difficile, après l'avoir amenée au travail durant des mois, de la laisser seule à la maison. Très bien pour les courses car, vraiment, faire les courses avec un ventre sur pattes, ce n'est pas une partie de plaisir, mais pour le reste... Et puis on s'accroche à des choses finalement terre à terre pour essayer de faire passer la dure nouvelle : finis les besoins au caniveau, finis les réveils nocturnes pour l'apprentissage de la propreté, finies les séparations au bout de quelques mois... Mais la plus grosse séparation nous attend dans quelques années...

Pour l'instant, ces quelques détails terre à terre ne pansent pas encore la blessure... Ça va venir. Il faut laisser le temps au temps...

Il va falloir maintenant positiver et réfléchir à la vie qu'on va donner à notre première et toute nouvelle chienne de compagnie...

Chapitre 8 : Nouvelle vie

Dis donc, vous ne trouvez pas qu'elle parle beaucoup, mon humaine ? Manille m'a donné la parole à moi, pas à elle ! Il va falloir qu'elle arrête de m'interrompre sans arrêt ! Quand je vous dis qu'elle est bavarde ! C'est pénible... Comme elle l'expliquait avec ses mots humains, je suis entrée à l'école des chiens guides. J'y suis restée quelques semaines pour apprendre le métier, mais ça n'a pas été très concluant. Bien que j'y aie vécu de nouvelles expériences intéressantes et que j'y aie rencontré de nouvelles personnes fort sympathiques, j'ai développé des peurs que je n'avais jamais eues avant et qui ont beaucoup surpris. En fait, c'était ma manière à moi d'expliquer que cette orientation professionnelle ne me convenait pas. Du coup, il a été décidé que je sois réformée : je ne serai pas chienne guide. Ma famille d'accueil est venue me rechercher à l'école et elle a réfléchi au fait de m'adopter ou non. Cette décision n'a pas été évidente pour elle, mais elle a pensé que j'avais tout de même bien d'autres qualités et qu'elle m'aimait tellement, moi et mes newzeries, que ce serait dommage que l'on se quitte comme ça ! Je vous avoue que je suis contente de leur décision. Je suis bien avec eux... Alors me voilà adoptée et j'ai commencé ainsi ma nouvelle vie de chienne de compagnie, les peurs en moins.

Démarrage sur les chapeaux de roue : j'ai laissé tranquille l'humaine de compagnie pendant deux jours car elle pleurait (elle avait vraiment du mal à accepter la nouvelle) et ensuite, comme elle a repris du poil de la bête et qu'elle a positivé, j'ai pu prendre ma place dans la famille.
On a donc finalement « fêté » mon adoption avec un truc merveilleux qui m'était totalement inconnu jusque-là : un os de côte de bœuf avec de la viande autour ! Alors là, génial ! De nouveaux plaisirs culinaires, moi qui ne connaissais que les croquettes (avec quand même un peu de fromage et de knackis, je l'avoue) !
Dans la foulée de cette découverte culinaire, j'ai fait une autre découverte que je jugeais intéressante sur le coup : comme j'étais entrée à l'école, l'humain en chef en avait profité pour mettre de l'engrais sélectif dans le gazon. Quelle surprise en arrivant : plein de petites boules par terre ! Je me suis dit que ça pourrait faire un accompagnement idéal pour l'os de côte de bœuf. Un peu comme des légumes ou des féculents...

Pendant ma dégustation, l'humain réalisait des travaux de remise en état du jardin pour le printemps. Il coupait quelques branches d'arbustes et j'ai pensé que, faisant maintenant partie à part entière de la famille, je pourrais apporter ma contribution au foyer. Une fois mon os rendu impeccable, j'ai taillé les branches des rosiers pleines de sève ! Je me suis fait assez vite gaulée et engueulée ! Finalement je n'ai pas eu le droit d'aider ! C'est quand même triste ! Là, je me suis demandée si je n'avais pas, à défaut de famille, atterri directement au siège social du MEDEF ! Vivre au siège social du MEDEF pendant de nombreuses années, est-ce fait pour moi ?
Quoi qu'il en soit, une fois mon interrogation terminée, il s'est passé quelque chose de bizarre dans mon estomac et, entre le mélange de côte de bœuf, d'engrais sélectif, de sève et de branches de rosier, de fientes de poules (quel régal, je ne vous dis que ça !), j'ai passé ma soirée du surlendemain à vomir ! Vingt fois ! Un record ! J'ai appelé le Guinness mais je n'ai pas été homologuée ! Dommage ! Alors là, vous auriez dû voir le MEDEF ! Il n'était pas réjouissant, le MEDEF, à éponger le sol tout en râlant et en comptant les vomis ! Mais, au moins, moi, j'ai marqué, en bonne et due forme, mon territoire définitif et mon entrée dans la famille (ou au MEDEF, selon les situations) !

Autre changement par rapport à ma vie d'élève chien guide : je ne dors plus ni en cage, ni attachée au canapé. Comme tous mes congénères, j'utilise la stratégie de la feinte : je commence ma nuit tranquillement sur mon « à ta place ». Je ne critique pas : il est quand même épais de huit centimètres et rempli de ouate. Mais dès que les humains sont couchés : hop ! Direct canapé ! Je navigue dans la nuit entre celui du salon du rez-de-chaussée et celui du salon de l'étage. Par mesure de précaution et pour sauvegarder mon intégrité mentale et physique (on ne sait jamais ce qui peut arriver !), dès que je les entends se lever au milieu de la nuit, je fais un bond pour descendre et je me remets l'air de rien sur mon « à ta place » ! Ça marche : je vous le dis : ils n'entendent rien et le matin, ils imaginent même que les coussins sont tombés tout seuls et qu'il y a eu une petite brise qui a distribué mes poils sur le canapé. En plus, pour tromper l'ennemi, je ne dors pas toutes les nuits sur les canapés. Voyez un peu la stratégie !

Ma nouvelle vie est aussi marquée par un changement au niveau de la teneur de mes apprentissages. Alors qu'à l'école des chiens guides, j'apprenais des choses ô combien utiles, là, mes nouveaux apprentissages brillent par une seule vertu : amuser la galerie ! Ça a commencé par le fameux et non moins célèbre « donne la patte » suivi de manière systématique par « l'autre patte ». Aucun sens de la surprise… Ensuite, comme je suis avide d'apprendre, j'ai eu le droit au « roulé boulé ». En parallèle, j'ai eu à maîtriser le « pan, t'es mort ». Maintenant, j'en suis à « fais la belle » pour lequel je ne vois pas d'intérêt car je me suis laissée entendre dire, à plusieurs reprises et par de nombreux inconnus, que je suis naturellement belle, alors je ne vois pas pourquoi je me forcerais à faire quelque chose d'inné chez moi ! Je commence quelques pas de danse avec le « tourne ». Tous les jours, mon MEDEF me fait faire une révision complète, sans parler de ce que je savais déjà avant (assis, couché, à ta place, reste, va chercher, donne) ! Il m'arrive d'ailleurs, durant ma séance de révision, de tout faire d'un coup ! J'enchaîne tout ! Au moins, je me dis que les croquettes tomberont bien à un moment donné, voire d'autres aliments sympas (je vous ai dit que je développe mon palet !).

Comme c'est le printemps, ma famille d'adoption a décidé qu'il faisait suffisamment beau pour me faire découvrir le cyclisme. Enfin, disons que c'est eux qui pédalent, moi je trottine à côté du vélo ! Les débuts ont été laborieux ! Comme le matériel n'était pas adapté (en fait, on n'avait même pas de matériel du tout), dès que je voyais un oiseau, un pote ou un chat, eh bien, je partais courir après eux ! J'ai même réussi à faire tomber mon plus jeune humain et à traîner son vélo sur deux mètres ! Loin de moi l'idée de lui faire du mal mais je suis toujours trop sociable et enthousiaste ! Du coup, j'ai droit à un vrai équipement maintenant : la barre à ressorts m'empêche de faire valoir mes envies de jeu et de course poursuite ! Tout au mieux, j'arrive à tourner la selle ! Je remarque que les passants et les conducteurs se marrent, quand ils nous croisent lors de nos balades à vélo ! On ne les fait pas autant rire quand on est à pied et à patte !

J'ai gagné en sagesse et en maturité avec l'âge et je ne fais presque plus de dégâts. Je suis bientôt une adulte responsable ! Depuis que je suis revenue de l'école, la seule chose que j'ai cassée, c'est le vase de la petite table de salon. Et encore, je n'ai même pas fait exprès. C'est ma queue qui l'a cassé. Je ne maîtrise absolument pas ma queue qui navigue à une hauteur plus importante que lorsque j'étais petite. Donc elle casse, toute seule et à l'insu de mon plein gré, les objets qui sont un étage au-dessus ! Allez, disons que je rends service : c'est un bibelot en moins à dépoussiérer !

Une petite anecdote de ma nouvelle vie : je vais régulièrement me détendre dans la forêt. J'aime beaucoup cet endroit et, tout l'hiver, j'y étais seule avec mes humains. J'ai bien cru que la forêt leur appartenait ! Mais non ! Avec le printemps, je me suis rendue compte qu'il y avait aussi d'autres humains qui pouvaient aller dans la forêt ! L'autre jour, il y avait trois humains qui ramassaient de l'ail des ours. J'ai voulu tenter de jouer le rôle de quatre-pattes méchante. Je me suis inspirée des panneaux « chien méchant » sur les clôtures ou les portillons des maisons et je me suis dit : « Pourquoi pas moi ! ». Donc comme des humains inconnus avaient squatté mon bois, j'ai pensé que ce serait LE moment idéal ! Je me suis approchée d'eux (pas trop près quand même ! De toute façon, ils étaient vers le ruisseau en contrebas !) et là, je les ai regardés bien en face et j'ai fait : « grrrrrr, wouaf, grrrrrr, wouaf, grrrrrr, wouaf ». J'ai fait ça au moins dix fois ! Non seulement mon humaine m'engueulait et même, à la limite, elle se moquait de moi, mais aussi un des humains ramasseur d'ail des ours ! J'ai été scandalisée par ce qu'il m'a dit ! Il a osé prétendre que le rôle de chienne méchante ne m'allait pas du tout, que je n'étais pas crédible et que j'étais trop belle pour me donner cet air ! Voilà, dégoutée, j'ai repris ma balade ! Je garde finalement le rôle de chienne gentille qui me va beaucoup mieux ! Mais, au moins, je n'ai pas de regret : j'ai essayé !

Depuis ma réforme, et avec le printemps qui arrive, j'ai participé à des rassemblements humains que j'ai beaucoup aimés !
En premier, mes humains d'adoption ont organisé une cousinade ! Je me suis retrouvée tout un week-end dans un endroit de rêve : un immense parc clôturé avec un petit ruisseau ! Le temps que je sniffe tout le terrain, il m'a déjà bien fallu quatre heures. J'ai même découvert des copains sympas : des chèvres et un lama, mais ils étaient enfermés dans un parc spécialement pour eux. Quand j'ai voulu aller les rencontrer, je me suis pris une de ces châtaignes ! Persévérante comme à l'habitude, j'ai tenté

de recommencer, mais, au deuxième coup de jus, j'ai finalement laissé tomber ! Ce que j'ai bien aimé lors de la cousinade, c'est qu'il y avait presque cinquante paires de mains pour me caresser et me papouiller. C'était top ! En plus, j'ai joué au foot ! Quand j'étais petite, j'étais obsédée par les ballons qui me rendaient folle, mais je n'avais pas le droit de jouer avec ! Là, j'ai fait des parties de folie ! D'ailleurs, je tiens à préciser que je cours bien plus vite que les humains ! En revanche, je n'ai toujours pas compris pourquoi j'ai été attachée pendant les parties de Molkky ! J'ai bien eu une explication, mais je reste campée sur le fait que je pourrais être une joueuse hors pair de Molkky également. Il s'est produit quelque chose de magique pendant la cousinade. J'ai été comme touchée par la grâce divine avec des aliments qui sont tombés du ciel pendant deux jours : soit des coups de vent, soit des grands humains sacrément maladroits (ou soyons honnêtes : qui faisaient exprès de l'être), soit des petits humains qui mangeaient juste à ma hauteur ! Je précise aussi que mon accès VIP et illimité à la cuisine du site m'a procuré une joie immense ! Ne voulant pas me sentir redevable, j'ai participé activement à son nettoyage régulier ! Et puis, en fin de soirée, je suis allée sur la piste de danse ! En plein milieu ! Comme je ne bougeais pas trop du centre de la piste, les humains m'ont élaboré un carnet de bal : soit je dansais avec un, soit avec l'autre, soit du disco, soit du rock, soit sur mes deux pattes arrière, soit avec des portés complets, soit des roulés boulés ! J'ai a-do-ré ! L'apothéose de cet événement, c'est que j'ai dormi dans la chambrée de mes humains ! Si ça, ce n'est pas la classe ! Le lendemain, j'étais crevée, mais je refusais de dormir trop longtemps au risque de louper quelque chose car, même la deuxième journée, la grâce divine des aliments qui tombaient du ciel continuait à me toucher et j'étais toujours titulaire de mon pass' cuisine ! Malheureusement, une fois rentrée à la maison, j'ai été à la diète, puis, de nouveau rationnée et fini de dormir dans la chambre des humains. J'ai dû retourner sur mon « à ta place » ! Moi, je voulais bien proposer de déménager définitivement à la cousinade, mais je sais que mes humains n'auraient pas été d'accord surtout, qu'après ces deux jours, ils étaient eux-mêmes dans un sale état ! L'avancée dans l'âge ne les aide pas si j'ai bien compris...

Un autre événement qui m'a beaucoup plu, c'est l'invitation au baptême d'un jeune humain. Tout comme pour la cousinade, j'ai eu le droit à un accès cuisine, à trois copains chiens mais pas trop joueurs (on s'est quand même allègrement reniflé les postérieurs), à un accès jardin avec parties de foot et de rugby à la clef (la balle de rugby n'a d'ailleurs pas résisté à la puissance de mes arrêts), à des papouilles et des caresses de plein de mains différentes et à une distribution de nourriture toute la journée. Là, la nourriture ne tombait même pas du ciel, elle était carrément partagée ! J'ai tout de suite repéré de généreux donateurs inconnus que j'allais régulièrement aborder et qui partageaient de bonne grâce leur assiette avec moi (évidemment, assez discrètement quand même pour ne pas éveiller les soupçons du MEDEF qui s'est quand même bien douté de quelque chose et qui a bien vu quelques échanges, mais si peu par rapport à la réalité de ce que j'ai pu obtenir à coup de regards malheureux !). Et puis, en milieu d'après-midi, j'ai assisté à la cuisson de deux cuissots de sanglier ! Devinez qui était aux premières loges au moment de la découpe des cuissots ? A la limite, je pourrais même dire que les humains découpeurs avaient tendance à me gêner en voulant se mettre devant moi ! J'ai eu le droit à des morceaux de viande, au léchage de la sauce, au léchage du fil de fer qui maintenait les cuissots lors de la cuisson ! Bref, le paradis sur Terre sauf qu'avec tout ça, le lendemain, j'ai vécu l'enfer ! Je suis tombée malade ! Une journée de diète et de repos ! J'avais une de ces gueules de bois ! Les diarrhées ont ponctué ma journée à coup de tête déconfite et de siestes !

Ce qu'il faut que je précise à propos du retour à la maison de cette mémorable fête, c'est que j'ai fait un sale coup à l'humaine ! Déjà, en journée, j'ai refusé catégoriquement d'aller me promener ! Hors de question que je loupe un moment clef de la fête ! Mes besoins faits, on retournait tout de suite à la salle ! Le soir, l'humaine voulait rentrer à pied pour une promenade digestive, étant donné que le baptême avait lieu à la salle des fêtes de notre village ! Eh bien, moi, je ne voulais pas rentrer ! Je tirais de toutes mes forces sur la laisse pour repartir vers la fête ! Elle m'amadouait avec des croquettes pour que je marche, mais une fois les croquettes obtenues, je tirais de nouveau vers l'arrière pour faire demi-tour ! J'allais même jusqu'à me retourner et me coucher au sol pour repartir à la salle des fêtes. C'était le calvaire pour l'humaine : comme les croquettes ne servaient à rien sinon à me faire avancer de deux pas, elle tirait sur la laisse dans son sens et plus elle tirait, plus je tirais dans l'autre sens. Il faut dire que je suis quand même pas mal costaude par rapport à elle ! Du coup, à un moment, ma tête est passée dans mon collier et je me

suis retrouvée libre de toute attache ! Ni une ni deux, j'ai détalé le plus rapidement possible et je suis retournée à pleines enjambées à la salle des fêtes. Comme l'humaine a été bien moins rapide que moi pour arriver au point de chute, j'ai profité encore un petit peu de la soirée. Elle m'a retrouvé près des restes des cuissots de sanglier ! Etant donné que je retombe toujours sur mes pattes, je dirai que c'était une bonne idée de revenir car elle avait oublié son portable, mais comme la deuxième tentative de retour à la maison s'est faite sur le même mode que la première, elle a appelé l'humain qui était déjà arrivé chez nous et il a dû venir me chercher en voiture pour me ramener au bercail !
Le lendemain, lors de ma sortie vélo (et presque remise de ma gueule de bois), j'ai bien humé qu'on passait près de la salle des fêtes ! Mon humaine peut remercier son ressort de vélo car je tirais en direction du barbecue des cuissots pour faire un after ! Il est solide, ce satané ressort !

Il faut que je vous raconte aussi une ruse que j'ai déployée pour prendre un bain sans me faire repérer… Je suis allée me promener au bord de la rivière. Dès le début de la promenade, j'ai été lourdement provoquée par des cygnes. D'habitude, je marche devant les humains et je me retourne régulièrement pour les voir avancer. Ils sont toujours bien plus lents que moi. Sans éveiller les soupçons de mon humaine qui avait la tête et surtout la langue à discuter avec sa copine humaine, je suis passée derrière et après les avoir suivies à pas décidés (elle se retournait régulièrement pour voir où j'étais), j'ai profité d'un moment d'inattention pour me jeter dans l'eau ! Je voulais nager avec les cygnes, mais des humains promeneurs, certainement collabos dans une vie antérieure, m'ont dénoncée auprès de mon humaine ! Ce qui était fort réjouissant, c'est que, du coup, la promenade a duré plus longtemps que prévu car il a fallu attendre que je sèche avant de remonter dans la voiture…

Ces dernières semaines, même si, globalement, je fais moins de bêtises, j'ai continué à élaguer quelques arbustes, j'ai mangé une plante d'intérieur et j'ai détruit le récepteur de la sonnette de la maison… Juste quelques détails quoi… Ben oui, je vous ai bien signifié que je deviens une adulte responsable !

Et voilà, aujourd'hui, c'est mon anniversaire. J'ai un an. Je n'ai pas fait de liste de cadeaux prioritaires, mais j'accepte toutes les offrandes : viande fraiche, jouets à détruire... ou pas..., séances de dog sitting (pour que je ne reste pas trop longtemps toute seule car je ne peux plus accompagner mon MEDEF partout), caresses et longues papouilles, massages, promenades, jeux et apprentissages de nouvelles choses inutiles (si vous avez des idées ou des présents, n'hésitez pas à les transmettre à mon humaine).

Chapitre 9 : Le quizz news

Comme vous me connaissez bien maintenant, je vous propose un « quizz news » !
J'espère que vous saurez trouver facilement les bonnes réponses. Moi, je ne vous les dirai pas, mais mes humains de compagnie pourront vous les souffler, si vous avez un doute. Je précise juste, pour corser le jeu et mettre un léger doute au niveau de vos réponses, que j'ai maintenant l'âge d'être une adulte responsable !

1) Il est temps pour moi de mettre mon produit antiparasitaire. Mon humaine s'applique à me vider une pipette dans le cou et prévient l'humain de ne pas me mouiller pendant au moins trois jours (surtout pas de douche).
   A. Je reste bien sage au moins tout ce temps.
   B. Dès le lendemain, à la première détente, je me roule dans le fumier, à tel point qu'il est impossible de ne pas me doucher ! J'ai même eu l'honneur d'un changement de couleur : labrador silver/chocolat !

2) Je suis invitée à passer le week-end chez d'autres humains de la famille qui vivent avec une de mes congénères, Leya. A peine arrivée, je repère la niche à jouets de ma nouvelle coloc et je me précipite sur un large doudou fourré (vingt centimètres de long sur cinq centimètres de large) avec l'option pouet pouet.
   A. L'humain me demande de lâcher le doudou et je m'exécute immédiatement.
   B. Je regarde l'humain et j'avale complètement le doudou, histoire de mettre un peu d'ambiance une veille de week-end, à plus de deux cents kilomètres de chez moi ! Magnanime avec mes humains et pour échapper à la visite vétérinaire, je décide de le vomir dans la nuit et je m'arrange pour que le pouet pouet fonctionne encore ! Je ne comprends d'ailleurs toujours pas les pratiques humaines qui consistent à mettre le doudou à la poubelle et non uniquement au lave-linge !

3) Mon humaine de compagnie adopte des cochons d'inde. En attendant d'installer l'enclos de jardin, je fais connaissance avec ces nouvelles « saletés de bestioles », logées provisoirement dans une cage dans le salon !
   A. Je les renifle et leur tourne autour sympathiquement.
   B. Dès que mon humaine a le dos tourné, je démonte le râtelier à foin et j'en mange tout le contenu. Je fais semblant de ne pas comprendre que je n'ai pas le droit et je recommence plusieurs fois, afin d'être certaine que c'est bien interdit ! J'œuvre préférentiellement de nuit…

4) Je découvre une nouvelle façon de m'amuser (attention la réponse à cette question comporte un piège) :
   A. Je mets ma truffe dans ma gamelle d'eau, j'expire et je me rends compte que ça fait des bulles. Je recommence encore quelquefois cet exploit bien marrant !
   B. Je vais dans des lieux remplis d'humains avec mes humains à moi (fêtes estivales) et je profite de ce que de jeunes humains que je ne connais pas ont toujours à la main des aliments pour leur piquer un bon morceau ou pour terminer moi-même leur encas ! Je me marre de mettre ainsi dans l'embarras mes humains.

5) Je vais me baigner dans un lac avec plein de congénères. Je me démarque du lot en :
   A. Rattrapant la balle lancée le plus loin possible.
   B. Piquant une canne à pêche (pensant que c'était un beau bâton) et en courant avec elle le plus vite possible. J'en profite pour enrouler le fil de pêche et pour abimer tout le bois de la canne !

6) Lorsque j'arrive pour la première fois sur une plage de sable :
   A. J'observe avec délicatesse ce nouveau sol et j'avance sagement à côté de mes humains.
   B. Après quelques sautillements, je mets la tête dans le sable comme une autruche et j'avance comme un bulldozer. Je provoque un effet chasse-neige de toute beauté !

7) Mon humaine de compagnie demande à pouvoir se sécher les cheveux dans un lieu public. Elle m'attache à une poignée de porte. La laisse se détache toute seule : je n'y suis strictement pour rien !
   A. Je reste bien sagement près de la porte malgré tout, en attendant qu'elle finisse de se sécher les cheveux.
   B. Je vais explorer les toilettes des femmes, juste à côté, et je reviens difficilement au rappel avec un objet en coton, que je ne connaissais pas encore, doté d'une grande ficelle blanche qui dépasse de ma gueule l'air de rien. Petite précision : le gout est exquis ! Malheureusement, mon humaine décide de récupérer l'objet au grand complet ! Et elle se lave même les mains après ! Insensé pour quelque chose d'aussi bon ! Elle rigolerait bien de la tête déformée que j'ai avec cet objet dans ma gueule, mais l'humeur dans laquelle le choix de mon butin la met ne la fait pas rire du tout ! Au contraire, elle passe cinq minutes à râler ! Je me sens incomprise...

8) Je vais en balade et...
   A. Je reste bien sur le chemin.
   B. Je décide de me faire une couleur en sautant dans un marécage. Je fais ensuite la difficile, quand mes humains veulent me doucher au tuyau d'arrosage, avant de remonter en voiture.

9) Je suis invitée à passer le week-end chez d'autres humains de la famille qui vivent avec des chats.
   A. Je respecte leur territoire et leurs affaires.
   B. Je me réveille la nuit, je vais au sous-sol pour une course poursuite avec les chats. Je renverse leurs deux gamelles en inox pleines de croquettes. Evidemment, je mange toutes les croquettes et je fais mes besoins devant la porte du sous-sol ! Ensuite, je remonte finir ma nuit comme si rien ne s'était passé et le lendemain, je ne montre aucun signe du larcin. Je réclame même mes croquettes du matin. Je ne comprends pas pourquoi elles me sont refusées !

10) Question bonus : celle-là ne me concerne pas, mais concerne ma copine Nolly, de chez Handi'Chiens, qui est venue passer quinze jours de vacances à la maison. Mon humaine prépare un gratin et le laisse sur le plan de travail en attendant d'aller acheter le gruyère qui lui manque.

A. Nolly reste tranquille avec moi comme modèle de sagesse.
B. Nolly met ses pattes sur le plan de travail et lèche avec plaisir la sauce du gratin. Elle s'arrête seulement après la dispute ! Je précise que jamais, personnellement, je n'aurai fait une chose pareille !

Si vous avez tout juste au quizz news de ces deux derniers mois (11 points*), c'est que vous me connaissez vraiment très bien.
Si vous avez tout faux (0 point), il vous faudra relire attentivement mes newzeries ! C'est votre gage…

*Toutes les questions méritaient la réponse B sauf la 4 qui nécessitait à la fois la réponse A et la réponse B.

Chapitre 10 : Une adulte responsable

Ça y est : je suis maintenant une vraie adulte responsable. Avant j'y étais presque, maintenant j'y suis carrément ! C'est que ça fait bizarre à mes humains ! Ne voulant pas leur infliger un changement trop brutal de vie, je commets encore quelques maladresses (du point de vue humain car, moi, je ne vois pas où est le mal...). Disons que je provoque des situations gênantes pour eux qu'on ne peut quand même pas qualifier de newzeries...

Allez, je suis tentée de vous en raconter une... Un jour, j'étais invitée chez des humains. Je pensais y aller en guest star, mais non ! Ils avaient convié mes humains aussi. Le jardin était fort grand et il y avait un superbe méga géant pourrissoir avec toutes les meilleures denrées étalées harmonieusement dessus. J'ai passé une bonne partie de l'après-midi à déguster mirabelles, épluchures de carottes (et autres légumes) et restants de plats cuisinés maison... Un régal ! Je n'ai pas regretté une seule seconde cette invitation ! Je pensais que mon estomac allait bien travailler pour digérer tout cela tandis que mes humains prédisaient une consistance plutôt liquide à la sortie. Lorsque nous sommes rentrés le soir à la maison, j'ai demandé à faire une promenade pour poser mon étron. Nous voilà partis... J'ai repéré, dans la rue parallèle à la mienne, un couple de jeunes amoureux tendrement enlacés et adossés à une voiture qui avaient du mal à accuser le coup de la séparation du dimanche soir. Comme je suis sociable et que j'aime dire bonjour aux humains de mon quartier, je me suis approchée... Arrivée à trente centimètres de ce duo, j'ai décidé de me mettre en position et j'ai lâché une cascade bien dégoulinante et évidemment impossible à ramasser ! Au moment clé, je regardais bien dans les yeux mon humaine. Et là, je me disais qu'il aurait fallu filmer sa tête ! Un mélange de désespoir avec de la gêne, une envie de rire, mais aussi et, surtout, du désespoir et encore du désespoir ! Elle ne comprenait pas que j'arrive à me retenir sur cent mètres, mais qu'il faille que je lâche ma giclée à trente centimètres des deux seuls humains présents dans la rue ! Eh bien, voilà l'explication : je voulais participer ! Je voulais faire le don généreux d'une ambiance olfactive inédite pour eux ! Je voulais les transporter dans un monde de senteurs nouvelles ! Je voulais développer un concept ! Je m'attendais donc à ce que mon humaine exprime aux amoureux, avec des mots humains (je l'avais si bien fait avec mes odeurs corsées), toute la rareté, l'innovation et le privilège de mon présent. Eh bien non ! Elle a dit qu'elle était désolée et d'autres conneries du genre. A la place des remerciements, j'ai été raillée. De plus, les amoureux, aussi ingrats qu'elle, et voyant qu'elle essayait de ramasser en vain mon œuvre, ont proposé de la faire disparaitre en l'arrosant ! J'imaginais que c'était une blague ! Eh bien non ! Ils l'ont fait ! Le lendemain, je suis de nouveau passée par là et tout avait disparu ! Je n'ai même pas de mot pour exprimer mon désarroi et ma frustration ! Je ne peux que lancer cette interjection : Pffffff !

Une autre situation gênante, c'est quand j'ai fait peur avant la date officielle d'Halloween ! Mon humaine a décidé de m'amener dans un grand centre commercial, un matin, avant d'aller travailler. D'ailleurs, pour la parenthèse, j'ai appris, lors d'échanges humains, que certains de mes congénères avaient le choix de leurs sorties, eux ! J'aimerais qu'ils m'expliquent comment ils ont fait pour obtenir ce privilège car, en ce qui me concerne, tout est imposé ! Je suis chez les Thénardier, moi ! J'en reviens à ma sortie imposée au centre commercial. J'ai repéré les escalators et je me suis rappelée, que lorsque je suis dans ces machins-là, il y a souvent des croquettes qui tombent, alors je m'y suis rendue de bonne grâce. Deux croquettes sont tombées ! Eh oui, seulement deux ! La Thénardière est radine, avare même ! J'ai chopé la première au vol comme je sais si bien le faire, mais la seconde m'a échappé. Elle est tombée sur l'escalier roulant ! Impossible de renoncer à celle-ci d'autant que madame la pingre ne m'en donne plus tous les jours, des croquettes, comme récompenses ! Sauf qu'en attendant, l'escalator continuait de monter... Arrivées presqu'en haut, l'humaine voulait me remettre dans le bon sens, mais le temps faisait défaut car je restais obsédée par ma croquette. Elle m'a tirée d'un coup pour passer les dernières lames avant la terre ferme, mais une de mes griffes s'est coincée dans les rainures, tout en haut, et s'est arrachée. Comme je suis une dure à cuire, je n'ai pas émis le moindre couinement. L'humaine ne s'est alors rendue compte de rien et nous avons continué notre shopping comme si de rien n'était. Nous nous sommes rendues dans un magasin et une vendeuse a dit à ses employés : « il y a du sang partout ! Regardez si vous vous êtes coupés et allez-vous nettoyer ! » Sauf que c'est moi qui saignais et pas qu'un peu (j'ai appris, après coup, que les coussinets sont des zones qui donnent l'illusion de se vider de leur sang) ! Ça donnait l'impression d'un remake de film d'horreur ! Halloween dans toute sa puissance ! Quand on a repéré que c'était moi, la pauvre victime, et que j'avais pourri tout le magasin, mon humaine n'en menait pas large, encore une fois ! Heureusement que les humains vendeurs étaient sympas ! Moi, je ne disais rien car j'étais plutôt occupée à chercher à faire une de mes newzeries phares, c'est-à-dire à nettoyer gracieusement le dessous des rayons... Et je trouvais que le sang donnait un style de décoration plutôt sympathique au magasin. Mon humaine ayant découvert ma blessure, nous sommes sorties du magasin. Mais pas tout de suite ! Il faut que je précise qu'elle a tout de même pris le temps de payer ses achats qui visiblement étaient plus importants que ma santé ! Je rappelle que je me vidais de mon sang ! Dans ce centre commercial, quand on sort du magasin, on n'est pas pour autant dans la rue ! Il a donc fallu traverser une bonne partie de la galerie marchande avant de trouver les portes de sortie ! Ainsi, je continuais à agrémenter le sol de taches rouges et nous nous faisions interpeller régulièrement par des humains bienveillants souhaitant dire à mon humaine que je saignais. Certains paraissaient horrifiés par la scène car du sang, il y en avait beaucoup... La sortie n'est jamais parue aussi lointaine à mon humaine !

Et là, vu la situation, je pensais que je rentrerais tranquillement me reposer à la maison ou éventuellement que j'irais rendre une visite au vétérinaire ! Mais non ! Au lieu de ça, j'ai dû quand même aller au travail de l'humaine ! Elle est tyrannique, celle-là ! Aucune pitié pour mon cas à moi ! Elle ne pense qu'à elle ! J'ai eu le droit à trois bandages dans la journée réalisés par trois humaines différentes ! Pensez-vous qu'elle les aurait faits elle-même ? Non ! Juste le dernier car elle n'avait pas le choix ! La bonne nouvelle dans l'histoire, c'est que je suis devenue copine avec les humaines du service nettoyage du travail de mon humaine à moi. Elles sont venues astiquer, avec leur monobrosse, plusieurs fois, les couloirs car j'ai saigné toute la journée et ça traversait le bandage (il fallait bien que je sorte de temps en temps pour mes besoins naturels). Elles s'enquéraient, chaque fois, de mon état de santé avec beaucoup d'empathie et de considération, ce qui n'était pas le cas de la Thénardière ! Pour tout vous dire : j'ai saigné encore tous les jours pendant la semaine qui a suivi ce dramatique accident ! Le soir, à mon retour à la maison, mon humaine n'a rien trouvé de mieux à faire que de m'affubler d'une horrible collerette et elle a recouvert mon pansement d'un sac à caca noué ! Je pense qu'elle voulait vraiment rester dans la thématique d'Halloween ! J'ai passé toute la nuit comme ça ! Quel look j'avais !

Le lendemain matin, mon pansement était couvert de sang, je n'arrivais plus à poser ma patte par terre et mon pied avait doublé de volume ! J'ai enfin inspiré un peu de pitié à mon humaine qui me croyait dans l'antichambre de la mort et qui a concédé à m'emmener chez le vétérinaire ! Il était temps ! J'ai bien compris que quoi qu'il se passe, tant que je ne serai pas dans l'antichambre de la mort, je n'irai pas rendre visite spontanément au vétérinaire ! Et encore, la connaissant, elle aurait bien été capable que dire qu'il n'y avait pas urgence car il me restait trois pattes, autrement dit : soixante-quinze pour cent de mes possibilités de déplacements ! Moi, je craignais l'amputation à moins que je ne meure vidée de mon sang !

Arrivée dans la salle de soins, le vétérinaire a bien vu que je voulais le saluer, mais je n'arrivais pas à lui sauter dessus avec une seule patte arrière de valide. Pour l'événement, il m'a fait monter sur une table, l'a surélevée et lorsque je suis arrivée à la hauteur de son visage, je lui ai fait une méga léchouille, à la fois pour le saluer mais aussi pour le remercier de sa prévenance : il m'a évité un saut sur une patte, c'est quand même sympa. Il a été un peu surpris par tant d'effusion de ma part. Ça a dû le chatouiller car il a bien rigolé. Visiblement mes congénères ne sont pas aussi démonstratifs que moi ! Il a donc regardé ma griffe. Pour me divertir pendant l'acte, il a gentiment laissé un jouet posé sur la table. Je me suis emballée pour faire honneur à celui-ci, mais j'ai su assez vite que ce n'était finalement pas un jouet, mais un stéthoscope. Ça avait l'air précieux, ce truc-là pour le vétérinaire ! Il me l'a enlevé aussitôt que j'ai voulu le prendre en gueule. Il a compensé par une croquette. Il sait y faire, lui ! C'est un saint homme ! Je peux aller jusqu'à le qualifier de « Dieu vivant » car il a dit que je pouvais être dispensée de mon accoutrement. Il est génial non ? En effet, le style collerette, pansement et sac à caca, ce n'est quand même pas chouette pour une belle toutoune comme moi ! Je me pensais en danger de mort ou, au mieux, en risque d'amputation de la patte complète, mais, finalement, mon seul traitement a été un désinfectant deux fois par jour sur ma griffe. Le vétérinaire prédisait une chance sur deux pour qu'elle repousse un jour… ou pas… Eh ben, chanceuse comme je suis, ma griffe repousse tranquillement ! Par contre, le désinfectant me rappelait de vieux souvenirs de Pet Corrector. Autant dire que j'ai usé mes humains de compagnie à coups de courses poursuites autour de la table pour ne pas avoir à subir le désinfectant ! Nous avons tous été libérés et délivrés lorsque le traitement s'est terminé ! Et inutile de préciser, qu'à tout jamais, je refuse depuis cette affaire, de monter sur des escalators, croquettes ou pas !

Je ne veux pas me lancer dans des sondages poussés, mais je me demandais comment mes congénères sont pots de colle vis-à-vis de leurs humains. Moi, j'en ai une que je sature de glu ! Pour autant, ils ont décidé de vivre à quatre dans la même maison ! Quand elle n'est pas là, je distribue un peu de glu aux autres, mais quand elle est là, c'est elle qui prend ! Si elle n'avait pas ce fumet extraordinaire au niveau des pieds, on n'en serait pas là ! Rien de tel que de mâchouiller un jouet sur ses panards ! Ça rehausse le goût ! Ou bien de faire une petite sieste, le nez collé dessus ! Dès qu'elle bouge, je bouge ! Elle fait un pas à droite, je fais un pas à droite ! Ce qui me fait rire, c'est quand elle est à son bureau. Moi, systématiquement, je me couche à ses pieds sous le bureau (il n'y a pas longtemps, elle y a même installé un tapis pour mon confort personnel). Elle peut avoir des traits de sympathie tout de même… Eh ben, chaque fois qu'elle tente de s'extraire du bureau en se contorsionnant (dans la limite de ses capacités physiques) pour ne pas faire de bruit pour aller vidanger, je l'entends quand même ! Et je me lève quand même ! Et je l'accompagne quand même ! La vidange prend, selon elle, trop peu de temps pour qu'elle ait envie de me réveiller et elle tente sa chance, systématiquement, en pensant qu'un jour elle y arrivera, mais, impossible ! Je gagne tout le temps ! Elle est dépitée que je me coupe dans mon sommeil pour si peu, mais, sait-on jamais : il ne faudrait pas que je loupe le moment où elle voudrait ouvrir un paquet de gâteaux ! Elle n'a visiblement pas conscience de mes priorités ! J'ai calculé et globalement ma distance moyenne à son égard est de cinquante-trois centimètres et vingt-huit millimètres, ce qui comprend les fois où je vais seule, dans le jardin, mais pas trop longtemps, au risque d'augmenter ma moyenne. Juste un petit tour et je demande à rentrer. La plupart du temps, le matin, de toute façon je refuse d'aller faire mes besoins au jardin si je ne suis pas accompagnée ! Pourquoi je serais la seule à me les cailler par un temps pareil ? Avec trois degrés, en moyenne, en ce moment, c'est quand même plus drôle quand elle sort au jardin avec moi en tenue de nuit et comme ça, ça la réveille un peu. Une fois revigorée, elle est toute disposée à me donner ma gamelle, sinon elle est bien capable d'aller se recoucher et, moi, je suis obligée d'attendre. Hors de question ! La maturité me rend stratégique ! Lorsque je suis en détente, je m'éloigne un peu plus, mais, si je cours à quarante mètres (je crois toujours que j'arriverai à attraper un oiseau un jour), j'ai l'impression d'avoir fait le tour du monde en solitaire. En ce moment, je multiplie mes tentatives pour monter carrément sur elle. Je finirai bien par l'avoir un jour à l'usure ! Et vous, les copains, c'est quoi alors votre distance moyenne avec vos humains de compagnie ?

Hormis la glu et le quémandage (où je suis devenue experte à coups de filets de bave qui coulent de mes babines), j'ai une option intégrée que mes humains utilisent depuis peu et qui les arrange très bien : le prélavage ! Je mets tout mon cœur à l'ouvrage et je pré-nettoie des plats à gratins formidablement bien. Plus besoin de les laisser tremper des heures ou de repasser derrière le lave-vaisselle ! Je réussis à enlever le moindre grain de riz ou la moindre pâte alphabet des casseroles, là où ça prend un temps fou aux humains ! Je suis d'une efficacité redoutable ! J'ai deux options de pré-nettoyage : soit je vais directement œuvrer dans le lave-vaisselle au moment où les humains débarrassent, soit je bénéficie d'un plat ou d'une casserole à même le sol. Donc, si quelqu'un a besoin de mes services de pré-nettoyage, faites-le savoir à mes humains de compagnie et je peux intervenir à la demande. Je précise bien sûr que c'est entièrement bénévole ! Je n'attends rien en retour de ma prestation !

J'ai déjà entendu certains humains aller au yoga ou à la sophrologie pour se détendre. Mon hypothèse est qu'ils doivent très certainement s'énerver à nettoyer des plats à gratin. J'insiste : je suis disponible ! J'ai trouvé, il y a peu, une activité fascinante et peu onéreuse qui me met dans des états presqu'hypnotiques. Je peux regarder pendant des heures et des heures, sans aucune lassitude, des pommes de terre être épluchées ! C'est envoutant, magnétique presqu'anesthésiant. En tout cas, durant cette activité, ça anesthésie clairement mes idées de newzeries. Il va falloir que je crée un concept et que je développe des clubs de loisirs sur cette thématique de l'épluchage des patates qui, je crois, pourrait détendre les plus nerveux d'entre nous : humains ou quatre-pattes ! Seriez-vous prêts à participer à ce projet ?

Tant que j'y pense, j'en profite pour pousser un gros coup de gueule ! Et pas des moindres, c'est après les humains que j'en ai ! Pour une fois, pas les miens, mais les humains en général !
Moi, l'écologie terrestre ne fait pas partie de mes sujets de réflexions philosophiques, alors je trouve vraiment sympa qu'il y en ait un sur les presque huit milliards qui ait déposé une cocotte de cinq litres de cassoulet complète au bord du plan d'eau, avec les fayots, le jarret et les saucisses ! Par contre, humain, si tu te reconnais… la prochaine fois, tu ne peux pas en mettre un peu plus ? Tu ne peux pas acheter une cocotte de dix litres ? Je te rappelle, au cas où tu ne l'as pas encore compris, que, de temps en temps, j'ai de la visite, des copains qui viennent me voir… Qu'est-ce que t'en savais si, le jour de ma promenade au plan d'eau, je serais seule ou si on serait au moins deux ? Partager cinq litres, c'est quand même un peu limite, tu ne crois pas ? Dix litres, ça passe tout juste…
Toi, l'autre des huit milliards d'êtres humains de la Terre : merci pour les cinq gros morceaux de fromage que tu as déposés dans ma forêt habituelle. J'ai bien vu qu'il y avait du matos : entre trois cents et huit cents grammes le morceau ! Ils étaient juste moisis comme il faut, ils avaient le fumet irrésistible du fromage bien goûtu ! Mais bon sang, la prochaine fois, fais au moins l'effort d'enlever la cellophane qui l'entoure ! Le temps que je fonce vers les fromages et que je les déballe (j'avoue que je n'ai pas fait dans le détail), les humains approchaient à grands pas ! Tu ne crois pas que j'aurais pu en manger plus s'ils avaient été directement accessibles ? Tu penses que j'ai un estomac qui peut absorber du plastique sans que je ne le paie quand même un peu ?
Enfin, le troisième des presque huit milliards d'êtres humains de la Terre, un grand merci pour avoir déposé une remorque complète de pain dur sur mon chemin de promenade. C'était chouette ! Les poules seraient devenues folles devant au moins trois ans de nourriture gratuite étalée par terre ! Mais pense à renouveler le stock une fois que tu vois que le pain commence à devenir tout noir ! Ménage ta monture : au lieu de mettre tout d'un coup, apporte toutes les semaines un nouveau seau ! Ce n'est pas pour moi que je dis ça ! Moi, ça ne m'empêche pas de manger le pain, même noir et pourri ! Je ne suis pas délicate, mais ça met mon humaine dans tous ses états ! Elle me tire par le collier pour me sortir de là. On se battrait presque ! Après, comme elle est calée à l'heure de

l'écologie, elle me fait de ces théories sur le sujet ! Je t'avoue que je m'en passerais bien ! Ma santé mentale est en jeu !
Donc pour faire passer la pilule à mon humaine et surtout pour consommer local (il parait que ça réduit les émissions de gaz carbonique), j'aimerais que vous me disiez, vous trois et les autres milliards d'êtres humains habitant la Terre, où sont planqués les pâtés lorrains, les quiches lorraines et la potée lorraine ! Pour les cimetières à mirabelles, pas la peine, j'en ai repéré quelques-uns pas loin de la maison... Ça favorise le transit, sans conteste !

J'ai fini avec mon coup de gueule, je me calme... Ça me fait penser que Neïko, mon copain de chez Handi'chiens est venu passer presque deux semaines à la maison. C'était un calme, lui ! Quand mon humaine m'a annoncé sa venue, je me suis dit : « Chouette, un nouveau copain ! ». Mais Neïko, lui, disons qu'il veut bien jouer mais pas trop, pas comme moi jusqu'à ce que mort s'en suive ! Ce n'est pas avec lui que j'ai pu transformer la cuisine en piscine d'eau, de boue et de poils ! Dommage car mes copains de jeux sont assez ouverts à pourrir la maison d'habitude ! Neïko, je ne l'ai pas compris ! C'est comme s'il vivait dans une maison hantée ! Pire, que dis-je... Dans un film d'horreur ! Mon humain en chef le surnommait la flipette, tellement il avait peur de tout ! Du coup, il était franchement doué en sauts arrière ! Ça aurait pu être un athlète de haut niveau dans la catégorie ! Et l'entrainement, il l'avait ! Dès que les humains prenaient un objet dans les mains, quel que soit l'objet, hop ! Un saut arrière ! J'admets, difficilement certes, mais j'admets quand même, que certains objets humains puissent lui faire peur. J'admets, encore plus difficilement, que certains jouets spécialement conçus pour nous les quatre-pattes puissent lui faire peur, mais la gamelle quand même ! Non ! Pas la gamelle ! Qu'est-ce qu'on en a à faire qu'elle soit en silicone plutôt qu'en Inox quand elle est remplie ! Eh ben Neïko, lui, il a fait carrément une chose incroyable ! Il a refusé de manger ! Le pire, c'est que même l'os en peau de buffle donné sans gamelle, il ne l'a même pas voulu ! Est-ce qu'il pensait qu'il allait se transformer une fois dans sa bouche comme le font les Gremlins quand ils voient le soleil ? Je ne sais pas. En tout cas, il a géré la présentation de l'os en faisant deux sauts arrière ! Je n'en reviens pas ! Moi, à sa place, j'aurais fait deux sauts avant, quitte à atterrir sur mon humaine et à la faire tomber de gourmandise !

En revanche, Neïko, il faut que je vous dise : il a aussi une autre particularité, une particularité physique, cette fois ! Chut, ne le répétez pas pour qu'il ne se vexe pas mais je crois qu'il a une vessie énorme ! Un truc de fou ! Il arrive à rester des heures et des heures sans faire ses besoins ! La dernière fois, il s'est retenu dix heures d'affilée alors que mon humaine l'a sorti quatre fois pendant qu'il l'accompagnait à son travail ! Monsieur a son confort ! Monsieur veut faire dans son herbe à lui ! Pas dans le caniveau ! Pas dans l'herbe publique ! N'empêche que, quand il est rentré et qu'il a commencé à faire, il ne s'arrêtait plus ! On aurait dit une vache ! Parce que les vaches, ça en a dans la vessie ! J'ai bien cru qu'il était en train de faire une deuxième piscine dans le jardin ! L'humaine a failli appeler l'assurance pour une inondation ! Il a bien fini par tout vider mais, à chaque jour de boulot, il a fait le même coup ! Il améliorait son record de jour en jour... Et puis on n'a pas eu le score final car son humain officiel est venu le rechercher. Ça restera toujours un mystère pour nous.

Chapitre 11 : Les nomaneries

Il faut que je vous parle de l'attitude d'un de mes congénères qui m'a profondément choquée ! Je ne m'en remets pas ! Pourtant, je ne suis pas du genre à juger, mais là, j'ai besoin de vider mon sac, sinon je ne suis pas loin de devoir suivre une psychothérapie pendant au moins cinq ans. Si quelqu'un connait un canithérapeute, je veux bien ses coordonnées, sait-on jamais... Personnellement, je n'aurais jamais fait ce qu'il a osé faire ! Je vous explique : mes humains de compagnie ont accueilli Noman pendant une semaine et demie à la maison. C'est un copain de chez Handi'chiens. A peine arrivé, nous avons joué comme des fous. Mais Noman, c'était plus fort que lui, il a voulu visiter toute la maison ! Pourtant il n'a pas le droit d'aller dans toutes les pièces. Il a profité de quelques secondes d'inattention de mes humains de compagnie pour se rendre discrètement dans la chambre des deux plus vieux. Il a été rappelé presqu'aussitôt. Jusque-là tout va bien... Le début de soirée s'est déroulé normalement : l'humaine a préparé le repas et j'ai quémandé ! Normal ! Les humains ont mangé leur repas et j'ai quémandé ! Encore normal ! Les humains ont débarrassé la table et j'ai prélavé ! Toujours normal ! Pendant tout ce temps, le saut que Noman a réalisé pour monter sur le canapé, en début de repas, l'a conduit directement dans le parc à chiot et il y est resté tout le long du repas et du prélavage. On est d'accord que, ça aussi, c'est normal et c'est toujours normal qu'on se soit fait expulser de la maison quand j'ai souhaité relancer une partie de jeux mouvementés en plein milieu du salon une fois que mon copain détenu a été libéré de son pénitencier. Après tout ça, l'humaine s'est rendue dans sa chambre et, là, elle a eu une vision d'horreur ! Elle a découvert les matières fécales de mon ami Noman sur son lit, en plein milieu de sa couette ! Pouah ! Depuis le temps qu'elles y étaient, ça avait bien embaumé la chambre ! Elle était dégoutée ! Noman a voulu laisser un souvenir impérissable de sa présence chez nous car, même après nettoyage, il reste des traces sur la couette ! Discrètes, certes mais traces tout de même ! Le pire dans l'histoire, c'est qu'elle a fini par en rire en notant que c'était une grande première pour elle, malgré tous les chiens qui sont venus lui rendre visite ! Moi, je me serais fait démonter ! Soi-disant que c'était trop tard pour disputer Noman... Et elle a même relativisé en rigolant : « Heureusement qu'il n'avait pas la diarrhée ! ». Jamais, au grand jamais, je n'ai fait ou n'aurais fait une telle chose ! Je suis scandalisée ! Je n'en suis pas encore remise !

Toujours pour évoquer mon copain Noman qui ne sait pas se poser (sa sieste la plus longue dure quinze secondes !) et qui est méga productif au niveau des nomaneries, il faut que je vous dise que, depuis qu'il est arrivé chez nous, il est obsédé par les cochons d'inde et la lapine. Les poules qui sont juste à côté, il s'en fout mais alors il est à la dévotion des rongeurs. Il leur tourne autour comme s'il était possédé par l'esprit de Satan. Dans sa fureur rotative, il a réussi, par je ne sais quel miracle, à ouvrir l'enclos de ces saletés de bestioles. Et là, évidemment, les halouf dinde ont voulu visiter du pays ! Panique à bord ! Le temps que les humains s'en aperçoivent, il y en avait deux dehors, ainsi que la lapine ! Il a fallu faire rentrer les gros quatre-pattes, Noman et moi, car une des haloufettes était complètement traumatisée (c'est peut-être pour elle finalement les cinq ans de psychothérapie !). Mais, quand même, c'est moi qu'on est venue appeler pour décoincer la lapine de derrière le poulailler ! J'ai fait le job et je suis bien efficace ! Et c'est quand même drôle de voir les humains tenter d'attraper la lapine car elle court hyper vite ! Sans parler du pressing et du coiffeur dont ils ont besoin après coup ! Mais il faut dire qu'ils sont frustrants tout de même : ils me demandent de la décoincer et une fois fait, ils me somment d'être sage ! Quand je suis lancée, je suis lancée ! Je veux aller jusqu'au bout ! Ils croient que c'est si facile que ça, pour moi, de m'arrêter en plein élan ?

Mon copain Noman a focalisé sur un gros nounours, presque de sa taille à lui, qui était rangé dans un panier. Il voulait en faire son doudou. Sauf que mon humaine de compagnie ne considérait pas ce nounours comme un doudou pour Noman, mais bien comme une décoration pour la maison. Moi, je dirais plutôt un ramasse poussière ! Nos divergences de points de vue n'ont pas lieu d'être développées ici, mais vous l'avez compris, je ne suis pas du même avis qu'elle sur l'« utilité » d'un tel objet. Noman a voulu prendre le nounours, à plusieurs reprises, pour lui manger l'oreille. Chaque fois, mon humaine de compagnie lui enlevait et le rangeait dans son panier à nounours. Il y a bien une fois où elle ne l'a pas vu tout de suite et il a quand même réussi à l'exploiter pendant quelques instants avant qu'elle ne s'en rende compte. Mon humaine en a eu rapidement assez de ce jeu incessant et a mis le nounours sur le bureau afin que

Noman n'y ait plus accès. Là, Noman s'est momentanément avoué vaincu et a laissé tranquille son potentiel doudou jusqu'à la fin de la journée. C'était sans compter qu'il avait gardé dans un coin de sa tête l'endroit où avait été confisqué celui-ci. Il a profité du repos nocturne de mes humains pour se rendre dans le bureau. Il a sauté sur le canapé collé au dos du bureau et il a attrapé le nounours pour finir sa nuit avec lui ! Dans son élan, il a emporté également l'écran de l'ordinateur de mon humain de compagnie qui s'est lamentablement vautré sur le canapé ! Au lever, mes humains étaient désespérés et pensaient qu'ils devraient occuper leur après-midi à aller acheter un nouvel écran, mais le vieux canapé était encore suffisamment confortable pour amortir la chute. Je l'ai bien remercié, le canapé, car, grâce à lui, on est passé à côté d'une ambiance électrique dans la maison ! Le nounours a fini dans son panier, caché dans le grenier, tout le temps de la présence de Noman à la maison. Le pire dans tout cela, c'est que les humains sont allés acheter un nouveau canapé ! Expliquez-moi la logique ! Il sauve l'écran et il se fait virer de la maison ! Je n'y comprends vraiment rien à la logique humaine ! Par contre, le nounours, on le garde alors qu'il provoque de pauvres chiens comme mon ami Noman ! L'écran, lui, il se tient à carreau pour le moment. D'ici que ce soit bientôt son tour de quitter les lieux, juste parce qu'il a été renversé indépendamment de sa volonté sur un canapé, on n'est pas à cela près avec les humains !

Noman a une mauvaise habitude depuis qu'il est tout petit et cette mauvaise habitude a provoqué une nomanerie ! Je vous explique : quand il entre dans le coffre de la voiture, il n'attend pas très longtemps pour sauter au-dessus des dossiers des sièges et aller se caler confortablement sur l'assise de ceux-ci. S'il n'y a pas de passager à l'avant, il pousse carrément le vice jusqu'à s'installer et à jouer le rôle du passager. Rien ne l'arrête : ni les coups de coude, ni les mains qui le repoussent. D'ailleurs, il est malin car quand il a trop de coups de coude et qu'il n'arrive pas passer entre le siège conducteur et le siège passager, il va tout à droite et passe entre la vitre et le siège passager. Il se cale ensuite, bien assis sur le siège, et regarde tranquillement la route car il est impossible de le faire descendre sur le tapis. Il est bien trop costaud ! Même le jour où l'humaine devait faire un trajet pour aller à son travail et que des brigades de gendarmerie étaient déployées sur la route pour la visite du Président de la République, ça ne l'a pas arrêté ! Aucune gêne ! On voit que ce n'est pas lui qui paie les PV ! Chance pour eux ce jour-là, elle n'a pas été arrêtée ! La mauvaise habitude de Noman a conduit l'humaine à réfléchir à une solution pour qu'il reste dans le coffre de la voiture car un trajet avec Noman en co-pilote OK, deux, pourquoi pas, mais ça suffisait bien ! Elle ne voulait pas non plus arrêter la voiture tous les trois kilomètres pour le faire repasser de l'avant au coffre ! Sa merveilleuse trouvaille a été d'attacher Noman dans le coffre ! Comme il n'y avait pas beaucoup de possibilités pour retenir sa laisse, elle a été reliée à la ceinture de sécurité des places arrière. Et voilà notre bon Noman sur les starting-blocks pour sa nouvelle nomanerie ! En voulant mettre en œuvre sa procédure de rapprochement habituelle, il a cassé le cache de la ceinture de sécurité ! Mon humaine était stressée par son dernier exploit (surtout par la manière d'annoncer cela à l'humain de compagnie en chef) et Noman, lui, il n'était absolument pas perturbé !

Si c'était la seule mauvaise habitude de Noman, mais non ! Il en a une autre assez étrange ! Il boit ! Il boit même beaucoup trop ! Les humains nous mettent à disposition de l'eau dans une gamelle, mais, avec Noman, la gamelle ne fait pas long feu ! Il faut la remplir bien souvent. Il est accro : tant et si bien que, si elle n'est pas remplie assez vite, il boit dans la cuvette des WC ! S'il est à l'étage, il ne prend pas le temps de descendre et boit directement dans les WC de l'étage ! Parait-il que l'eau, là-dedans, est plus goûtue. Moi, je ne veux pas essayer car j'ai peur de devenir dépendante et puis il faut avouer que Noman fait une tête de plus que moi : lui, il arrive à atteindre le fond de la cuvette, mais, moi, je n'y arrive pas ! Il pose ses épaules sur l'abattant et le tour est joué ! Si je tentais un tel exploit, je risquerais de tomber carrément dedans ! Une fois que sa langue atteint le fond de la cuvette, il boit, il boit, il boit. Ça dure longtemps ! C'est incroyable ! Il a une de ces descentes ! Par contre, je peux vous dire qu'il ne tient pas la boisson ! Car systématiquement, il vomit quand il redescend des WC ! Mon humaine trouve cela fantastique ! Elle a-do-re ! Et au moment où elle se met à nettoyer c'est-à-dire tout de suite après qu'il ait rendu, Noman retourne à la cuvette ! C'est un trou sans fond ! Là, il se fait éjecter directement ! Une fois que mon humaine a pris conscience de l'addiction de Noman et de ses conséquences sur le carrelage (il a eu plusieurs chances), elle a choisi de lui faire subir une cure de désintoxication ! Pour son sevrage, il a carrément été privé de WC ! Le pauvre ! Ça n'a pas été facile de revenir à la simple gamelle ! Mais il a tenu bon ! Peut-être qu'aujourd'hui, il en est à son quarante-huitième jour sans cuvette, qui sait ! J'espère pour lui qu'il ne reprendra pas... Parce que vomir comme ça n'importe où, ce n'est quand même pas un spectacle réjouissant !

Cela dit, Noman est un bon compagnon, mais il a fini par rentrer chez lui. J'ai pu prendre du recul et me remettre de toutes ses nomaneries...

Chapitre 12 : Le salon vin et terroir

Je voulais faire un compte rendu à propos de ma sortie au salon vin et terroir organisé par l'école des chiens guides.

Lorsque je suis arrivée au salon vin et terroir, je ne savais franchement pas trop à quoi m'attendre mais, à peine ai-je passé la porte d'entrée que je me suis retrouvée dans un monde olfactif sublime. Entre l'odeur du saucisson, du fromage, du foie gras et de tout le reste, je ne savais plus où donner de la truffe. J'ai tout de suite imaginé que j'allais pouvoir réaliser une dégustation à tous les stands où des gamelles pleines de ces mets fins n'attendraient que moi ! J'envisageais même de faire la fermeture !
Je devais déjà attendre que mes humains passent le barrage d'entrée. J'imaginais que ce ne serait qu'une formalité, mais non ! C'était sans compter les éternels bavardages du guet-apens dans lequel ils étaient tombés. Pendant ce temps, je peaufinais mon regard de chienne sous-nourrie qui se laisserait bien tentée par un petit quelque chose. Et ma truffe ne cessait de remuer pour continuer à me remplir d'odeurs de bonheur.

Les bavardages de l'entrée étant terminés avec les humains d'accueil, je pensais qu'on allait directement se diriger vers le saucisson et le fromage mais non ! Toujours pas ! J'ai dû avoir l'extrême patience de subir toutes les salutations des humains. Ils en connaissaient un paquet de leurs congénères, à cet endroit-là ! J'ai remarqué que la plupart du temps, ils collent leurs joues les unes contre les autres, un coup à gauche, un coup à droite, ce qui leur permet de se déposer un peu de bave au moment de claquer leurs lèvres entre elles pour faire un petit bruit. Il y avait tellement de monde à saluer que j'ai vraiment bien pu analyser leur manière de procéder. J'ai constaté aussi que, quand il s'agit de deux humains mâles uniquement, ils se serrent les pattes avant et se les secouent. Je n'en reste pas moins persuadée que ce serait quand même plus simple s'ils se sautaient les uns sur les autres et s'ils se reniflaient le postérieur. Éventuellement, quelques jets d'urine pourraient leur permettre de gagner en rapidité, mais je me garde cette suggestion qui semblerait, à n'en pas douter, trop avant-gardiste pour eux.

Nous voilà arrivés dans la salle des réjouissances ! L'odeur avait encore augmenté bien fortement, mais quelle déception pour moi ! Où étaient les gamelles de fromage, de saucisson, de foie gras qui étaient censées m'attendre ? Nulle part ! Pourquoi ne me détachait-on pas, afin que je fasse une détente dans cette salle ? Qu'est-ce que j'ai fait pour être punie de la sorte ? Obligée de rester aux pieds, de ne pas tirer, de ne pas sauter sur les stands ! Un vrai calvaire ! Je n'ai eu droit à aucune dégustation car elles étaient toutes réservées aux humains ! Et ils me narguaient avec des phrases du type : « il est excellent, votre petit blanc ! », « une vraie tuerie, vos chocolats ! », « c'est original, votre boisson ! », « alors ça, c'est bon ! ». On aurait cru qu'ils jouaient le rôle de critiques gastronomiques, mais, moi aussi, j'ai la compétence pour cela. Je ne vois pas pourquoi je ne faisais pas partie du casting ! Quelle vie de chien ! J'ai dû subir cela pendant au moins trois quarts d'heure que j'ai trouvés interminables !

Une fois le tour de salle terminé, je pensais qu'on allait rentrer à la maison tranquillement se reposer et moi j'avais surtout besoin de me remettre de cet affront, mais non ! Ils avaient décidé de déjeuner sur place ! En entrant dans la salle de restauration, j'ai repéré un humain corporellement généreux, au regard tout aussi généreux. Je croisais les doigts pour que mes humains s'installent près de lui ! Bingo ! Pour une fois que j'ai de la chance, ils se sont assis à la table juste derrière ! Sur le coup-là, je l'ai joué fine : j'ai feint de faire une sieste, le temps qu'ils attendent leurs plats et qu'ils causent avec l'humain généreux. Une fois leurs plats arrivés, il se sont forcément retournés pour manger et c'est là que j'ai discrètement œuvré. Je me suis réveillée de ma sieste, et, sans faire de bruit, je me suis levée et j'ai posé ma tête sur le banc de l'humain généreux. Je le remercie encore de m'avoir récompensée. Il partageait régulièrement son repas avec moi ! Je pensais que c'était une réincarnation de l'abbé Pierre. Le temps que mes humains de compagnie s'aperçoivent de notre manège, je peux dire que j'en ai bien profité et je remercie ce saint homme d'avoir été sur mon chemin ce jour-là ! Evidemment, ils ont quand même fini par me recoucher entre les bancs et je ne devais plus bouger jusqu'à la fin de leur repas. Sauf, qu'à un moment, l'humain généreux a été rejoint par un autre couple d'humains tout aussi sympathiques. J'ai repéré assez vite qu'ils avaient le gâtouillage facile ! Alors j'ai opéré à peu près de la même façon, mais j'avoue que je n'ai pas su me limiter, ce qui a causé ma perte. J'ai commencé par mettre ma tête sur le banc. Victime de mon succès, j'ai mis mes pattes sur le banc. De nouveau victime de mon succès, j'ai mis les pattes sur la table. Mes humains de compagnie ne voyaient rien ! C'est ma nouvelle copine humaine qui s'est mise à gâtouiller un peu trop fort et ça leur a mis la puce à l'oreille ! Ils se sont retournés et, après le traditionnel « News, descends ! », s'en est suivi un dialogue qui était à peu près de cette teneur là (encore que je ne me rappelle plus les mots exactement employés mais le fond y est !) : « Gente dame, veuillez avoir l'extrême obligeance d'excuser la présence de ce canidé sur votre table. Son enthousiasme est à revendre, mais point trop n'en faut ! » « Que nenni ! Rassurez-vous, Madame, je me suis ébaudie par sa manière de m'emberlucoter. Ne soyez pas, je vous en prie, dans un tel margouillis ! Je comprends toutefois votre volonté qu'elle continue à s'acagnarder ». Je me rappelle même qu'au passage, j'ai été qualifiée de tyran domestique. Je ne relèverai pas !

Le repas de mes humains et mes amuses-bouches étant terminés, nous avons rejoint les stands de communication. Là, j'ai été accrochée à un porte manteau ! Je ne vous expliquerai pas l'affront que cela a représenté pour moi ! Personne d'ailleurs ne s'est occupé de mes réels besoins alors que je restais seule, ignorée de tous. Pendant ce temps, mes humains allaient gaiement de bavardages en bavardages, montrant qu'ils étaient contents d'être là par des sourires qu'ils envoyaient à leurs congénères et non à moi ! Il fallait que je trouve quelque chose, une astuce, pour reprendre la main ! J'ai donc décidé de faire mes besoins au milieu du passage avec une immondice qui allait, par son fumet, recouvrir les odeurs de fromage, de saucisson… Bingo ! Je suis, par cette action, revenue au centre de l'attention de mes humains ! Sauf que ça n'a pas duré très longtemps, malheureusement, car une fois ma production mise hors d'état de nuire, ils ont recommencé leurs interminables discussions !

Au milieu de l'après-midi, voilà que débarque une chienne en version bébé de trois mois ! Elle m'a bien énervée, celle-là. Elle s'est prise pour une starlette ! Le centre de toutes les attentions ! Il ne lui aurait manqué qu'un tapis rouge ! J'ai même vu mon humaine à moi la prendre dans ses bras et gâtouiller avec elle ! Je ne vous explique pas comme elle était ridicule ! Heureusement que ça ne tue pas sinon elle ne serait plus de ce monde ! Je l'ai regardée sans rien dire. Je sais être digne. Sauf qu'à un moment, je ne sais pas ce qui lui a pris dans sa tête d'humaine mais elle a décidé de venir me présenter la chiotte en question ! Quelle idée ! Elle ne m'intéressait aucunement cette petite ! Et si certains pensaient que je puisse la pervertir, il n'en a rien été ! Je l'ai snobée ! Elle venait me voir par la droite, je tournais ma tête à gauche, en restant bien campée sur mes pattes ! Elle revenait me voir par la gauche, je retournais aussitôt la tête à droite ! Mais la petite a eu du mal à comprendre que je me fichais complètement d'elle ! Il a fallu que son humain de compagnie à elle lui explique ! Disons que, pour vous confier un secret, j'aurais peut-être bien joué avec elle, mais, pour peu que je me montre sociable et que ça donne à mes humains l'idée de la ramener avec nous à la maison, je ne voulais surtout pas prendre ce risque !

Et après ces présentations tentées à deux reprises, nous avons enfin repris le chemin de la maison où j'ai pu enfin manger ma gamelle à moi et me remettre de toutes mes émotions ! Ouf ! ou plutôt wouf !

Chapitre 13 : Trahisons et retour à la normale

Après le départ de Noman et le salon vin et terroir, j'ai retrouvé mes humains rien que pour moi. Enfin, c'est que je croyais, mais j'ai vécu une énorme trahison ! Je vais vous l'expliquer. Je pense que vous allez être choqués ! Un jour, mes humains sont allés à une réunion d'humains qui consiste à manger, à boire et à papoter ensemble. Quelle drôle de pratique ! Je pensais qu'ils m'emmèneraient avec eux, mais ils m'ont laissée avec les humains ado car, soi-disant, il n'y aurait pas assez de place dans la maison et patati et patata. Cet argument me semblait fort contestable, mais, comme je n'ai pas mon mot à dire, alors je ne l'ai pas dit. J'étais quand même vexée car lorsque j'ai tenté de les suivre pour monter dans la voiture, j'ai été rabrouée. A choisir, j'aurais préféré leur réunion autour de la nourriture que rester avec les humains ado. Je les connais, eux. Quand c'est comme ça, ils s'enferment dans leur chambre, ils me laissent toute seule au salon et, quand ils y pensent, si toutefois ils y pensent, ils me font sortir quelques secondes devant la porte pour mes besoins. Rien de transcendant, comme après-midi ! Un après-midi de chien ! Voilà donc mes humains partis pour de longues et interminables heures… Trois, pour être exacte ! Et moi, pendant tout ce temps, j'attendais patiemment, en guettant par la fenêtre, leur arrivée ! Je n'ai vu que des voitures passer et des chiens se promener avec leurs maîtres. Ils me narguaient, ceux-là, et dans le tas, il y en avait un que je n'aime pas trop en plus ! Mais quelle chance, ils avaient ! Quand mes humains sont revenus, le choc ! Ils sentaient la trahison ! Sur leur pantalon, j'ai reconnu l'odeur de deux copains et demi, de deux congénères étrangers, mais qui sentaient la sympathie et de l'autre starlette de la dernière fois ! Alors celle-là, son odeur, je ne la supporte pas ! J'étais dégoutée ! Les copains m'ont mis quelques messages de sympathie ! Je les remercie de leur soutien. Je n'ai pas décollé le nez des pantalons de mes traitres d'humains. Et heureusement que je n'avais pas un accès illimité au pull de l'humaine car, quand elle s'est penchée, j'ai senti vite fait qu'il portait l'odeur de la starlette ! Pouah ! Ils ont dû se déshabiller et prendre une douche pour que je les lâche un peu ! Ils ont dû bien enfermer les habits dans le panier à linge également ! On n'a pas idée de commettre une telle traîtrise ! C'est impardonnable ! J'ai été voir les wesheurs officiels de la maison pour me confier ! Je leur ai dit : « Wesh gros, bien ou bien ? J'ai le seum ! Les darons sont partis du ter-ter ! Genre ! Les poucaves ! Je suis v'la vénère ! J'ai passé la journée à chouffer leur retour ! J'ai vu passer l'autre tarba dans sa merco ! Je me suis retenue d'aller lui défoncer sa race ! Sur la vie d'ma reum, je les ai pécho quand ils sont rentrés avec l'odeur de l'autre bolosse sur leurs futals ! J'étais vl'a dégoutée ! Grave ! Ça ne m'a pas ambiancé du tout ! Wesh, je vais grailler. Ça, au moins, wesh, ça va être dar ! » Ça fait du bien de vider un peu ses émotions eh ben les wesheurs, ils m'ont tout de suite comprise !

Tant que j'y pense : je voulais vous demander, pour ceux qui sont habitués aux étranges pratiques humaines : le coup du sapin, en décembre, vous pensez qu'ils vont me le faire tous les ans ? J'avais pourtant bien exprimé l'année dernière mon aversion pour ce genre de coutume ! Ils m'ont laissée tranquille onze mois, mais, là, ils ont recommencé ! Je n'avais peut-être pas été assez claire ! Donc, contre toute attente, les voilà qui ont refait un sapin de Noël ! Une horreur ! Ça ne sent pas bon et, en plus, ça ampute toujours une partie de mon terrain de jeux ! Comme je n'étais pas remise de la trahison et de la confection du sapin de cette année, je voulais montrer que je n'étais vraiment pas contente. J'avais besoin de marquer le coup à ma manière ! J'ai voulu la jouer fine cette fois-ci et j'ai mis en place un plan assez perfide, mais j'ai finalement été démasquée. Dommage car le plan n'était pourtant pas trop mal étudié. Je vous l'explique. L'essence même du plan reposait sur le fait que, pour ne pas me faire prendre, il fallait que je fasse accuser quelqu'un d'autre à ma place. Ainsi, il fallait non seulement que je sois seule à la maison, mais qu'il y ait également un autre humain qui vienne et qui ne soit pas un de mes quatre humains habituels. J'ai bien cogité et je me suis dit que cet humain en question serait l'humaine de ménage ! Facile, elle vient toutes les semaines et c'est coordonné avec le jour où je suis seule ! Voyez, il y en a de la ressource dans ma tête de quatre-pattes ! Donc, le matin du jour en question, mes humains sont partis travailler pour les uns et étudier pour les autres. Comme je l'avais repéré dans leurs habitudes, ils m'ont laissée seule à la maison. Celle-ci n'était pas trop mal rangée quand ils sont partis (encore qu'il soit possible de mieux faire...). L'humaine de ménage est arrivée. Elle a fait son travail de nettoyage. Je me suis d'ailleurs laissée entendre dire, à plusieurs reprises, que je suis une des causes principales de la saleté du sol de la maison... Bref... Sans commentaire... Une fois qu'elle a bien dépoilé la maison, elle est partie.

Au moment de son départ, elle m'a baragouiné un truc du style : « Reste sage et ne fais pas de newzeries le temps que tes humains rentrent ! ». Moi, je la regardais tranquillement, en pensant : « Cause toujours… » et quelques minutes après son départ, j'ai œuvré… Quand mon humaine de compagnie est rentrée, elle a vu une scène de crime à laquelle elle était loin d'être préparée ! Elle a retrouvé trois boules cassées par terre et trois feuilles de dracaena dépiautées ! Un drame pour elle ! Dites voir, tout de même, il ne lui faut pas grand-chose ! Trois boules, qu'est-ce que c'est parmi toutes celles du sapin ? Et le dracaena agonisait juste un peu, de là à croire qu'il pouvait être pris d'une mort imminente ! Je voulais juste marquer le coup pas de quoi se retrouver dans un film d'épouvante ! Dans ce contexte plutôt soft pour moi, qui d'autre pouvait être accusée que l'humaine de ménage ? Personne, selon moi, puisque la maison était rangée lors du départ de mes humains et que j'étais donc restée sage, dans une maison rangée ! Mon humaine de compagnie, dans un premier temps, est tombée dans le panneau ! Elle a bien cru que c'était l'humaine de ménage la responsable, le cerveau de cette scène qu'elle jugeait effroyable. Elle lui a téléphoné et elle lui a dit, entre autres paroles : « Dis-moi, quand tu viens, ce n'est quand même pas pour mettre la maison sens dessus dessous ! Au contraire, c'est pour la nettoyer ! Quel cirque tu as fait ! Tu exagères ! Les boules toutes neuves sont cassées et ma plante alors ! ». Pourquoi toutes neuves ? Vous vous rappelez bien que j'ai déchiqueté les cadres photos qui servaient de boules l'année dernière ! Je sors de cet aparté… Le problème, c'est que l'humaine de ménage ne s'est pas démontée et elle m'a balancée ! Elle lui a répondu qu'elle est partie la maison rangée et propre et qu'elle m'a même recommandé de rester sage et de ne pas faire de newzeries ! Voilà, en trois paroles, mon plan foutu en l'air ! Ah ! Si mon humaine n'avait pas eu l'idée de téléphoner à l'humaine de ménage ! Cette dernière avait un seul et bon alibi : son statut d'humain qui sait parler avec des mots humains ! Pffffff ! Et pourtant c'aurait été tellement logique qu'elle soit accusée pour moi ! Il ne me manque que la parole, à moi ! On aurait pu ainsi faire un procès fleuve qui aurait duré des mois et des mois où j'aurais pu tenter de les embobiner encore un peu !

Finalement, j'ai pardonné ces trahisons à mes humains quand j'ai pris vraiment conscience que j'avais une bonne complémentarité avec eux et, en particulier, avec mon humaine… Même si je le savais déjà au fond de moi... Voilà comment cette vérité a éclaté dans mon cerveau de quatre-pattes... Tous les soirs, l'humaine prend sa douche et, tous les soirs, je l'accompagne (c'est toujours l'effet glu). Le rituel est toujours le même. Je passe tous les détails jusqu'à la complémentarité... Quand l'humaine sort de la douche, il reste de l'eau au fond du bac à douche. C'est souvent à ce moment-là que je me rends compte que, tiens, j'ai soif... Donc je bois l'eau du bac. Quelle descente, ce fond de douche ! Il va plus vite que ma contribution à se vider. Alors je me retourne vers l'humaine et je la vois avec un truc sur elle un peu râpeux comme ça. Je crois que ça sert à enlever l'eau qu'elle a sur le corps avant de se rhabiller ! Après réflexion et analyse, il en est ressorti que moi aussi, je possède tout naturellement un truc un peu râpeux. Ce n'est pas une option, c'est d'origine chez moi ! J'ai été conçue et livrée avec ! C'est ma langue. Voilà un échange standard et complémentaire possible entre nous : elle me donne l'eau de ses jambes et de ses pieds pour étancher ma soif opportuniste, et, en échange, je lui prête mon truc râpeux pour l'essuyer... Par contre, l'humaine n'a pas été équipée à la naissance en patience. Il lui en manque vraiment une bonne dose ! C'est dommage, car elle est OK pour une symbiose n'excédant pas deux coups de langue et quatre cents gouttes d'eau. Au-delà, je dois aller entretenir une relation symbiotique avec ma gamelle d'eau officielle !

Il faut que vous parle d'une de mes plus belles perles ! Disons qu'en y réfléchissant, c'est sans conteste ma meilleure perle, en fait ! Le jour de Noël, mes humains, comme tous les ans, ont voulu faire des photos de famille pour souhaiter les vœux du nouvel an, la semaine suivante. Pourquoi ils choisissent Noël pour leur séance photo ? C'est juste que, ce jour-là, ils font un effort vestimentaire qu'ils ont du mal à concéder le restant de l'année ! Je ne vous parle même pas de l'intention de mon humaine de créer un syndicat des familles d'accueil de chiens dont la première revendication aurait été le remboursement des frais de collants fins pour les humaines femelles ! Vous savez, ces trucs fort sympathiques et très joueurs qui s'abiment ou qui cassent au moindre micro assaut ou à la moindre micro inattention de nos griffes et nos crocs ! Son idée de syndicat est tombée à l'eau grâce à la perspective divine de finalement rentrer dans l'ordre des porteuses de pantalons pour éviter tout dérapage de collants fins et toute provocation pour nous, les quatre-pattes ! Avant de prendre le risque de finir ses jours en prison en intégrant l'ordre des

porteuses de pantalons, elle a quand même eu la présence d'esprit (ce qui est rare) de se renseigner sur l'aspect juridique d'une telle adhésion ! Elle a été sauvée par la loi ! Depuis peu, les humaines femelles ont le droit de porter librement un pantalon ! Si cette idée avait germé dans sa tête d'humaine, il y a un peu plus de cinq ans, elle aurait été obligée de s'acheter un guidon de bicyclette ou les rênes d'un cheval pour pouvoir porter son fameux futal ! Vous l'auriez vu, vous, avec un guidon de bicyclette greffé toute la journée dans ses mains, complété de la laisse, du sac de friandises, du sac à main, du sac d'ordinateur, du sac de pique-nique, au bas mot ? Il faut avouer qu'il y a quand même des endroits où le guidon à bicyclette n'est pas des plus pratiques ! Les rênes d'un cheval, ce n'est pas mieux ! Et puis, il ne faut pas les lâcher sinon, hop, elle aurait été obligée d'aller se changer et de remettre la jupe ! J'ai l'impression que je m'égare de ce que je voulais raconter au départ...
J'en reviens donc à la photo annuelle de famille pour les vœux de nouvel an... L'année dernière, j'étais fière car, même si je ne faisais pas encore officiellement partie de la famille, j'étais bien présente sur la carte de vœux. Le slogan qui avait été choisi me concernait. Je vous l'écris : « Que cette année vous apporte de bonnes news... Et pour nous aussi une bonne News ! (sans newzeries...) ». Les bonnes résolutions de l'absence de newzeries décidées à l'insu de mon plein gré n'ont pas tenu très longtemps. Je n'y étais vraiment pas partie prenante ! Ça ne pouvait donc pas marcher ! Cette année, nous voilà repartis pour la séance photo et j'ai été choisie, encore une fois, comme faisant partie des mannequins vedettes de cette séance ! Les humains se sont assis en rang d'oignons sur le canapé et, moi, je me suis assise par terre devant eux ! Artistiquement, ce n'était pas très original, mais tant pis. J'aurais préféré être au centre du canapé avec mes humains de chaque côté, mais on ne m'a pas confié la direction artistique des prises de vue alors je ne m'en suis pas mêlée ! Du moins, pour l'instant ! Les humains essayaient de prendre leurs plus beaux sourires pour montrer leur bonheur du temps qui passe bien qu'ils pestent après ça tout au long de l'année. Sans autre commentaire... Pour prendre la photo, ils ont mis, rien que pour moi, un retardateur sur l'appareil. C'est encore un attrape-nigaud à mon intention pour que je puisse aussi regarder la photo de face. J'aime bien le retardateur. C'est rigolo. Je n'y résiste pas ! Ça fait des bips et des lumières. Au début, ça clignote doucement et ensuite très vite et clac, la photo est prise ! A chaque photo, les humains avaient quelque chose à redire sur leur

sourire ! Pas assez comme ci, trop comme ça, alors que moi, je dois dire que j'étais au top sur toutes les photos ! Je sentais bien que cette séance serait interminable et je n'avais pas tout ce temps à leur accorder car l'heure pour ma gamelle de Noël avançait à grands pas… Il a fallu que je prenne les choses en main ! Nous voilà à la troisième photo. Les humains ont mis le retardateur, ils ont tenté un nouveau sourire. Je focalisais sur les bips… D'abord les courts… Je regardais tranquillement (je sais ménager ma monture moi, même si je n'ai pas besoin de porter des rênes de cheval)… Ensuite, dès le début des bips rapides, c'est là que j'ai lâché une de ces perles ! Ma plus belle ! La sonorité était parfaite, bien coordonnée avec le rythme des bips. Mes humains ont explosé de rire et la photo qui a été prise a enfin été validée. J'ai largement apporté ma contribution à la réussite de cette photo. Je mériterais la place de directrice artistique ! Pour ne rien gâcher, au niveau olfactif, c'était aussi l'explosion ! Les humains se sont donc dispersés et la séance s'est arrêtée, pour le plus grand bonheur de mon estomac !

En revanche, quelle déception concernant le texte ajouté à la photo. Je vous l'écris : « V'la une bonne news… J'ai eu la puce à l'oreille : on change d'année, je crois… Ça tombe pile poil : la compagnie des humains vous souhaite leurs meilleurs vœux ». Avec un texte pareil, je passe pour une idiote ! Je ne suis pourtant pas écervelée comme quatre-pattes ! Si je reprends ce qui est écrit : « V'la une bonne news… » : ça, ça me va ! On voit que les newzeries ont diminué très fortement en cours d'année ! Je prends cette phrase comme un compliment ! « J'ai eu la puce à l'oreille »… Non, je n'ai pas de puces ! Et encore moins dans les oreilles et même pas une seule ! Va falloir arrêter les propos calomnieux, voire diffamatoires ! « On change d'année, je crois »… Comment ça « Je crois » ? Je ne suis pas bête comme bête ! Je le savais qu'on changeait d'année ! J'en étais même sûre ! « Ça tombe pile poil »… Encore des reproches ! Oui, je perds mes poils ! Là, on frôle l'insulte, l'injure publique même ! Et alors, il faut investir dans un bon aspirateur et le problème sera réglé ! Ou il fallait adopter un chien nu ! Ça existe ! Qu'il ne leur vienne pas à l'esprit de me tondre ! Le reste de la phrase ne me concerne pas, mais on peut constater que ce sont toujours les mêmes qui se valorisent ! On verra ce que me réservera l'année prochaine, mais, si ça continue comme ça, je ne suis pas sûre que je vais encore accepter les séances photos !

Chapitre 14 : Vie personnelle et vie professionnelle

Ma vie, aujourd'hui, est partagée entre une vie personnelle et une vie professionnelle intenses.

Dans ma vie personnelle, j'habite avec mes humains de compagnie et je joue le rôle de bonne chienne de compagnie. Quelqu'un oserait dire le contraire ? Je fais des activités passionnantes qui s'articulent autour de trois pôles : manger, qui est ma priorité absolue (aux heures officielles et lors de mes nombreux quémandages car les humains, ils mangent très souvent dans la journée sans parler des abandons de nourriture qui me titillent à l'extérieur de la maison), dormir (pour amortir les « à ta place » mis à ma disposition dans la maison et me mettre en charge) et participer aux nombreuses activités humaines, dans la maison et à l'extérieur de la maison, dont une qui m'est spécialement réservée : la promenade. J'aime vraiment bien ce moment, mais, quand il pleut, il faut prendre un chariot élévateur ou une grue, selon l'intensité de la pluie, pour que je sorte de chez nous. Mon humaine dit toujours, à ce propos, que le chien moderne ce n'est plus ce que c'était ! En dehors de ces trois activités personnelles principales, j'accueille des congénères pour leurs vacances et je vais en rencontrer d'autres sur les stands de communication ou lors des leçons. Je les forme discrètement à quelques newzeries et aussi à des choses intelligentes pour qu'ils deviennent de bons chiens de compagnie, capables ensuite de rentrer dans les écoles pour faire les jobs pour lesquels ils sont destinés. Mais surtout, je suis, avec eux, une camarade de jeux des plus motivées.

En parlant de jeux, la dernière copine à être venue jouer à la maison s'appelle Oasis. Elle va bientôt rentrer à l'école des chiens guides pour apprendre le job, mais elle est venue passer le nouvel an avec mes humains et moi. Avec Oasis, j'ai tout de suite été dans le même fun ! C'est une mini-moi ! Ou une moi bis car mini, je ne peux quand même pas dire ! Même si elle avait pile poil la moitié de mon âge quand elle est venue, elle avait la même taille que moi et elle était un peu plus costaude ! Ça, ce n'est pas compliqué : je suis une chienne maigre et de petit gabarit alors pas dur pour les petits de me faire concurrence ! Oasis a une jolie particularité physique : elle a une bande de poils bouclés sur le dos un peu en-dessous des épaules, l'endroit où j'ai mes ailes d'anges (mes triangles de poils un peu plus blancs). Pour faire honneur à son nom, je dirais qu'Oasis a une belle couleur tropicale ! Je kiffe cette chienne : on a les mêmes centres d'intérêts, la même façon de jouer et de s'arrêter… Dommage qu'elle ne soit pas restée longtemps d'autant qu'avant qu'elle ne vienne, j'ai eu la leçon de morale : « News, depuis ton adoption, tu as été déséduquée, il va falloir que tu te rééduques vite fait, bien fait, pour l'arrivée d'Oasis ! ». Ben voilà ! Obligée d'être attachée pour la rééducation, au moment du débarrassage de la table ! Je n'ai même pas pu prélaver la vaisselle un jour de réveillon de nouvel an ! C'est rude, la rééducation ! Et puis, pour la sortie bowling, les rôles ont été distribués injustement ! J'ai ravalé ma fierté car, vraiment, Oasis, elle est top ! C'est elle qui a été choisie pour aller au bowling se faire papouiller ! Et moi, j'ai été choisie pour garder la maison ! Je me suis ennuyée jusqu'au retour de tout mon petit monde ! Même pas un voleur à se mettre sous les crocs ! Rien ! Encore que, pour être honnête, si un voleur était venu, je crois que je lui aurais fait une présentation de mon ventre en bonne et due forme pour obtenir un maximum de gratouilles ! Après, le voleur, je l'aurais laissé prendre ce qu'il voulait (sauf mes jouets, bien sûr, ainsi que mes croquettes et mes os à mâcher !). Il aurait bien eu droit à une compensation pour ses offrandes en caresses ! Et puis, les humains regardent trop la télé et l'ordinateur, alors ces trucs là en moins, c'est de l'attention de plus pour moi !

En parlant de mes humains, il faut que je vous dise qu'ils sont quand même bien arrangés ! Ça, ce n'est pas nouveau, mais il faut que je balance sur leurs étranges comportements. Quand Oasis buvait un coup, ils lui disaient : « Mais qu'est-ce tu bois, doudou, dis-donc ? ». Quand Oasis mangeait son repas, il lui disait : « Oasis, Oasis, c'est bon, c'est bon ! » Quand même, ils n'ont jamais mis autre chose dans la gamelle que de l'eau ! Alors pourquoi, d'un coup, il demandait ce qu'elle buvait, Oasis ? Et puis, ils voyaient bien qu'Oasis aimait les croquettes alors pourquoi ces encouragements ? Ils n'en ont jamais fait autant avec moi, surtout qu'ils n'y ont même pas goûté, eux, aux croquettes alors leurs manières de critiques gastronomiques sont largement hors de propos dans ce cas ! L'humain ado a poussé le vice jusqu'à commander un oasis tropical au bowling ! Ma nouvelle copine a dû flipper sa race le temps qu'elle se rende compte qu'il n'allait pas la boire ! En menant mes investigations, j'ai compris qu'il y avait un certain Carlos derrière tout ça... A part mon isolement lors de la sortie bowling (ça faisait peut-être partie du protocole de rééducation, allez savoir !), Il faut que je vous dise que la soirée de nouvel an était vraiment chouette : on a fait la bamboula et à minuit, on s'est tous fait des big bisous ! Quand il a fallu être sages et aller se coucher sur les « à ta place », mes humains ont dit à Oasis « Be fruit ! ». Elle n'a pas dû comprendre car on a fini par faire salon à part toutes les deux !

Avant qu'Oasis ne vienne, je me suis entraînée à devenir la future Candelorette ! J'ignore qui avait passé la nuit à recouvrir toutes les flaques d'eau d'une plaque de glace, mais c'était une sacrée opportunité pour ma préparation. Toutefois, je ne sais pas comment il fait, à deux pattes, Candeloro, mais, moi, à quatre pattes, j'ai galéré ! Je réussis à bien gérer les quadruples griffes piquées. Mais alors ma réception du double axel est encore à travailler. J'ai une patte qui se coince dans les autres. Heureusement qu'il y en a encore trois pour éviter la chute ! N'empêche que la figure du brise-glace, spécialement brevetée par moi-même et dont la propriété intellectuelle a été déposée à l'INPI est une réussite à toutes épreuves ! Je voulais montrer mes exploits athlétiques à Oasis et lui demander de me coacher pour les prochains championnats du monde mais, quelques jours après les avoir déposées, quelqu'un est venu, pendant la nuit, enlever les couches de glace des flaques d'eau ! Adieu patinoires, adieu compétition, adieu podium et médaille ! Il ne me reste plus que ma spécialité : attraper des croquettes au vol, pour laquelle je peux concourir toute l'année, aucune pénurie de matière première n'étant annoncée dans l'immédiat ! Et je bénéficie d'un surentraînement de compétition avec mes humains !

D'ailleurs, une nuit, j'ai emprunté le téléphone portable que mon humain avait exceptionnellement abandonné sur le canapé avant de se coucher. Il se sentait bien esseulé le pauvre portable, alors que, d'habitude, il est greffé, le soir, dans les mains de mon humain. Je me suis dit que c'était l'occasion pour tenter de passer un coup de fil afin de m'inscrire à une compétition de frisbee croquettes et pour demander à mes congénères, Leya, Eero et Pollux, de m'assurer leur soutien inconditionnel. Mais le téléphone portable était défectueux. Il ne réagissait pas à mes sollicitations. J'ai essayé de le réanimer en le claquant par terre. Ça n'a pas marché ! J'ai ensuite tenté de lui verser de l'eau sur la tête pour lui permettre de reprendre ses esprits. Comme je n'étais pas équipée en bassine remplie, je l'ai léché. Toujours rien ! J'en ai déduit qu'il était décédé. C'était certainement pour ça que l'humain l'avait lâchement abandonné ! Il ne me restait plus qu'une chose à faire : l'enterrer ! Sauf que, la nuit, je n'ai pas accès au jardin pour aller chercher tout ce dont j'ai besoin. J'ai utilisé le système D et je l'ai recouvert de poils ! La cérémonie était plutôt sobre. Je n'ai pas fait de chichis et les hommages n'ont pas trainé en longueur. De toute façon, ce portable n'avait pas eu une vie de grande importance, étant donné le peu d'applis dont il était chargé ! On était loin de l'hommage national rendu à Johnny et aucune brouille d'héritage n'était possible. Je me suis donc couchée sereine sans une once de culpabilité. Le matin, l'humain a découvert ce que je pensais être la dépouille de son téléphone portable. Il a constaté qu'il était juste dans le coma et il a réussi à le réanimer ! Il m'a expliqué que ce n'était pas une vraie résurrection et qu'avec si peu, il n'y avait pas de quoi être célèbre pour les trois mille ans à venir. N'empêche, il est fort l'humain… Mais, moi, je n'ai pas encore pu passer mon appel pour ma compétition !

On s'accorde tous à dire que j'ai déjà une vie personnelle bien remplie mais il a fallu que mon humaine me choisisse, en plus de ça, une vie professionnelle ! Elle m'a dit, après ma réforme de l'école des chiens guides : « Bon, c'est bien beau tout ça, News, mais tu ne vas quand même pas te contenter de décorer le tapis du salon ! Va falloir te trouver un taf qui te corresponde ! Pas d'oisiveté dans cette maison ! ». Sur le coup, j'ai regardé autour de moi et j'ai constaté que les poissons bullaient toute la journée et que les dragons d'eau passaient leur temps à lézarder ! Je n'ai pas trop compris pourquoi, eux, on ne leur demandait rien, mais, moi, il fallait que je me mette à taffer ! En plus, je me trouve parfaitement en accord avec la décoration de toutes les pièces de la maison ! Soyons objectifs : le beige, ça va avec tout ! Soit ! Je ne suis pas en mesure de négocier quoi que ce soit ici, alors allons-y pour le boulot ! J'ai subi une période de recrutement où j'ai passé des tests de peur. Je vous rappelle que c'était ma manière à moi d'exprimer que je ne voulais pas d'une brillante carrière de chienne guide. Comme mon humaine était avec moi pour les épreuves de recrutement, je les ai réussies avec brio, ce qui a confirmé mon aptitude et mon intérêt pour ma nouvelle orientation professionnelle et me voilà embauchée ! Ma mission, puisque je l'ai acceptée, est d'apporter de la joie, de la douceur, du bien-être, de la stimulation, de la confiance en soi à des humains en situation de fragilité ou de handicap. Ça, c'est que m'a dit l'humaine, mais alors là, je n'ai rien compris à ce charabia ! Je l'ai regardée avec mes yeux qui voulaient dire : « Traduction, s'il te plait ? Et alors sois concrète ! ». Elle m'a expliqué plus en détails : « On va aller voir des humains âgés ou tristes ou en situation de handicap et, toi, ton rôle, c'est de gérer l'accueil et la prise de congés ». Elle se moque de moi ! J'avais dit du concret ! J'ai insisté du regard et elle a traduit : « Bref, tu dis bonjour et tu dis au revoir ». OK, là, j'ai compris. Je sais faire ! Au moment d'arriver, je me dandine, je mets mes pattes sur les humains, je me laisse caresser, brosser éventuellement et je fais la même chose au moment de partir, avec quelques démonstrations de mes capacités à répondre à tous les ordres inutiles que l'humaine m'a appris et qui amusent la galerie. Oui, mais... Elle m'a dit le début et la fin, mais qu'est-ce qui se passe au milieu ? Il doit bien y avoir un vice caché dans cette mission ! Mon enquête m'a amenée à comprendre que je ne travaillerai pas seule avec l'humaine ! On sera toute une équipe. Et l'équipe prendra, la relève en deuxième partie. Pendant ce temps, je pourrai me reposer tranquillement, voire faire la sieste ! A part le fait que les membres de l'équipe en question ne sont pas trop à mon goût, j'accepte car un job où on est payé la moitié du temps pour faire la sieste, il n'y en a pas beaucoup ! Tiens, ça me permet de rebondir sur la rémunération globale du travail. J'ai pu négocier trois points fondamentaux qui m'étaient finalement déjà acquis : des croquettes à chacune de mes actions auprès des humains, des caresses et une détente bien méritée ! Les caresses et la détente, je ne suis pas en manque mais les croquettes, je n'en ai quasiment qu'aux repas en tant que chienne de compagnie alors, là, ça me fait un sacré bonus ! J'ai signé le contrat sans sourciller !

Ça fait maintenant quelques mois que je travaille et je suis une professionnelle parfaite ! Mon humaine a bien choisi mon emploi ! Mes états de service sont irréprochables et je fais partie du clan des chiens les plus heureux de travailler ! Quand je dis que mes états de service sont irréprochables, il faut tout de même admettre que mon très grand enthousiasme à remplir ma mission m'amène, à certains moments, à une prise de croquettes assez vive. Mon humaine précise alors qu'elle ne prend pas en charge les frais d'amputation ni de pressing et, finalement, ses mots font plus rire que ce que mes dents ne gênent. Tout ça pour dire que je n'ai pas grand-chose à raconter de mon nouvel emploi puisque je n'y fais pas de newzeries hormis, de temps en temps, quand on me laisse accès aux cuisines collectives ou à la gamelle du chat (quand chat il y a) ou aux chariots de goûters. Là, je me dis que je vais tenter la chance de m'octroyer une prime salariale ! Sauf que, comme d'habitude, je me fais gauler assez vite…

Un des plus gros points positifs de mon formidable labeur, c'est que j'ai rajouté, de ma propre initiative, à mes prestations de base qui sont, je vous le rappelle, l'accueil et la prise de congés, une prestation complémentaire que je ne comptabilise même pas pour le paiement de mes heures supplémentaires. C'est le nettoyage des berlines des humains qui ont une mobilité réduite. Il faut dire que ces véhicules sont top pour moi. Ils ont des réceptacles à nourriture cachés un peu partout et, moi, je les trouve tous. Les plus faciles d'accès sont ceux des pédales, situés juste sous ma truffe ! Je suis capable de les lustrer, les réceptacles des pédales ! Je peux même déborder, s'il le faut, et proposer un soin des pieds ! Je garde une part de mystère concernant les autres planques, sinon quelqu'un serait capable de me prendre mon travail de récurage… Vous savez que j'ai un moment de repos dans ma mission… Eh bien là, j'en profite discrètement pour aller renifler les véhicules en stationnement, surtout les youpalas des personnes âgées, ceux avec le panier, car c'est dans le panier que se cachent les surprises. Et puis, dès qu'on me voit, on me demande de les laisser, alors que je n'ai même pas encore eu le temps de les astiquer !

Tout cela me fait penser que j'ai bien une anecdote à vous raconter, même si ce qui s'est passé ne relève pas d'une quelconque erreur de ma part… Un jour, je vais voir des humains séniors avec mon équipe de travail. On est arrivé tranquillement. Mon humaine a tout déchargé : la chariotte de matériel, les collègues dans leurs caisses… Et voilà que c'est à moi de dire « Bonjour ». Une dame est arrivée avec une voiture de luxe. Je ne vous dis pas la frime ! Vous auriez dû voir le matos ! Il y avait des cylindrées là-dedans ! Lorsqu'elle m'a vue, elle s'est montrée très enthousiaste à mon égard. Elle voulait me donner une croquette, mais, pour cela, elle me demandait de mettre mes pattes avant sur ses genoux pour me caresser plus facilement. Moi, pour une croquette, je suis prête à tout. Vas-y que je lui mets les pattes sur les genoux et, là, je ne sais pas ce qui lui a pris, mais elle a mis les gaz et elle s'est lancée dans une marche arrière incroyable ! Heureusement que la table de derrière l'a stoppée net sinon elle se serait encastrée dans la vitre et, là, les scénaristes américains auraient repris l'histoire, pour une scène d'anthologie d'un de leurs meilleurs films d'action ! Finalement, même si, moi, je n'ai pas trop compris ce qui s'est passé, les humains se sont beaucoup marrés ! Pour vous révéler les dessous de l'affaire, personne ne lui avait serré le frein à main ! C'aurait pu être super dangereux, n'empêche, car, avec les chevaux qu'elle avait sous le capot, à défaut de faire une carrière à la Flash McQueen, elle aurait pu faire un début de carrière à la Niki Lauda ! Depuis, j'ai eu droit à plusieurs remakes de cette histoire drôle sous fond de pilotage à sensation alors maintenant, mon humaine, cette rabat-joie, insiste bien sur les règles de sécurité et fait des vérifications de freins à main avant mes interventions ! Elle se prendrait presque pour une mécano de choc !

Allez, il faut que je vous parle de mes conditions de travail. Oui, car, s'il y avait un job parfait, ça se saurait ! Je suis gâtée car je travaille un jour sur deux et l'autre jour, je me repose. Top ! Mais il y a une de mes conditions que je déplore par-dessus tout : c'est le transport ! L'humaine a une caisse de transport en ferraille comme toutes les caisses de transport humaines avec quatre roues. J'ai entendu que les humains appellent de manière classique leurs caisses des « voitures ». Eh bien, chez nous, la caisse de transport de mon humaine n'est pas appelée « voiture », elle est appelée « bétaillère ». L'humaine joue aux poupées russes. Elle met mes collègues de travail dans leur caisse de transport et elle met leur caisse de transport dans sa caisse de transport à elle, la bétaillère ! Elle installe la chariotte que j'ai déjà eu le bonheur de me prendre sur le coin de la truffe à cause d'un virage négocié à la Alain Prost et, ensuite, il reste une place pour moi dans le coffre ! Comme je ne reçois que peu d'égards, je suis toujours la dernière à monter dans la bétaillère ! Et on est en surpopulation dans un engin pareil ! Tous mes collègues sont confortablement installés avant moi, si toutefois on peut parler de confort avec une caisse de ce type ! Le pire, c'est le comportement de mes co-passagers ! Il y a des grosses crades qui sont d'un sans-gêne ! Ça me fait penser que je n'ai même pas pris la peine de vous présenter mes collègues ! Alors il y a l'équipe des cochonnes d'Inde. Elles sont quatre et ce sont les pires au niveau de l'hygiène : sans aucun scrupule, elles pissent et elles chient de bon cœur durant les trajets allers et retours ! Je ne vous dis pas le parfum d'ambiance de la bétaillère ! Autant leurs cacas sont succulents, mais l'odeur de leur pipi, une calamité ! Il y a une lapine qui a le côté précieux des stars de cinéma et qui n'aime pas qu'on lui impose quoi que ce soit ! N'empêche, elle, elle est raffinée alors elle propre ! Et puis, il y a des chinchillas au nombre de trois. Ce sont des mecs ! Ils sont super forts au niveau des sauts et pour la course, on dirait des Usain Bolt ! On a tous notre spécialité et je dois avouer tout de même qu'on forme une bonne équipe !

On a failli être rejoints par deux octodons ! Mais ça ne s'est pas fait et je vais vous en expliquer la bonne raison, alors que leur contrat de travail était quand même déjà bien engagé ! L'humaine est allée les chercher et, comme elle a oublié d'emporter une caisse de transport dans la bétaillère, elle les a mis dans des boites en carton ! Elle a encore joué aux poupées russes avec deux boites, l'une dans l'autre ! Mais les octodons sont super forts en rognages ! A peine l'humaine avait-elle fait quinze kilomètres qu'ils étaient déjà dans l'habitacle de la bétaillère ! A l'arrivée à la maison, l'humaine a bien réussi à récupérer celle qui avait une cataracte et elle l'a mis dans sa nouvelle cage. L'autre a réussi, après des essais infructueux pour la maîtriser, à entrer dans le tableau de bord de la bétaillère ! Elle y a créché toute la nuit ! Impossible de la faire sortir ! Même les applis ultrasons n'ont servi à rien ! Le lendemain matin, je ne sais pas ce qui lui a pris dans sa tête, mais l'humaine est allée voir le garagiste en lui demandant de démonter le tableau de bord pour récupérer l'octodon ! Le garagiste était dépité pour l'humaine, mais il a surtout rigolé quand elle lui a laissé un délai d'une heure pour réaliser l'opération en question ! Il lui a précisé qu'il faudrait sept heures de travail minimum et qu'il croisait les doigts pour qu'il n'y ait pas de fils à base de blé dans la bétaillère ! Elle n'était pas fière ce jour-là, l'humaine ! Vous l'auriez vue quand elle imaginait emmener sa chère bétaillère à la casse pour cause d'octodon ! Finalement l'histoire s'est bien terminée car l'octodon commençait à avoir soif et l'humaine a réussi à l'attraper lors de sa course entre les deux sièges avant et le tableau de bord par lequel elle ressortait ! Tout ça pour dire qu'il aurait fallu démonter la voiture entière et pas que le tableau de bord pour la récupérer ! L'humaine a voulu quand même donner une seconde chance aux octodons, mais quand elle leur a fait tester la cage de transport et qu'elle a vu à quelle vitesse ils arrivaient à rogner les barreaux en plastique de celle-ci, elle a préféré leur trouver une nouvelle maison, plutôt que de prendre le risque qu'ils ne s'évadent en plein transport et qu'ils ne retournent dans le tableau de bord ! Si encore le plan d'Alcatraz avait été utilisé pour réaliser la caisse de transport, mais non...

Une de mes conditions de travail que je déplore également, c'est que je me fais voler une partie de ma rémunération ! C'est scandaleux ! Mon humaine propose aux humains à qui on va rendre visite de me donner une petite croquette pour que je vienne leur dire bonjour, mais il y a des humains, ce sont de vrais roublards ! Ils disent oui à mon humaine et une fois qu'elle leur donne ma croquette, eh ben, ce sont eux qui la mangent ou qui essaient de la manger ! Et moi, je suis privée de mes revenus ! Ils m'ôtent le pain de la bouche ou, devrais-je dire, la croquette de la gueule, c'est grave ! Moi, quand je tente de manger de la nourriture humaine alors que je n'y suis pas autorisée, je suis disputée mais eux, on leur dit juste ! « Non, c'est pour la chienne ! » comme ça bien gentiment ! Il y a deux poids, deux mesures ! Je pense à me syndiquer ! Si ça devait se reproduire, je n'hésiterais pas à prendre contact avec le SCT (Syndicat des Chiens de Travail). Et surtout, je vais présenter mon projet d'adhésion syndicale à mes collègues pour qu'on fasse une demande collective car les cochons d'Inde et la lapine eux aussi, se font manger une partie de leur nourriture par les humains ! Vas-y qu'ils leur prennent des pommes, du raisin... Encore que je sois en train de me demander si mon projet d'adhésion vaut le coup car certains humains, alors que je suis censée faire un petit break pour laisser mes collègues travailler, m'appellent et me donnent des carottes et de la salade. J'avoue que je ne refuse jamais ces bakchiches ! Chut alors...

Mon problème, c'est que j'ai du mal à poser des limites entre ma vie pro et ma vie perso. C'est compliqué, mais j'y travaille tout de même... Encore que je ne sois pas sûre que je veuille vraiment les poser, ces fameuses limites. Un matin, je suis allée faire une détente avec mon humaine de compagnie. Nous sommes passées près du cimetière de mon village et l'humaine ne m'avait pas encore rattachée avec la laisse. J'ai vu une humaine un peu triste qui se recueillait sur une tombe. Sans aucune hésitation, j'ai foncé vers elle ! Un coup de frein à pattes et hop, je suis allée me recueillir avec elle. C'est écrit dans mon contrat de travail que je dois voir les humains tristes eh ben là, j'étais en détente. Oui, mais l'humaine, elle était triste ! Et puis, zut la détente, j'y suis allée bénévolement. Le plus chouette, c'est que, même désintéressée, j'ai réussi à lui redonner un sourire ! Et ça, ça n'a pas de prix !

Bon allez fini de me plaindre ! Lorsque je fais le bilan, je me dis que j'ai quand même une chouette vie et j'aimerais qu'elle se poursuive ainsi tranquillement, d'autant que mes humains m'ont appris à regarder la gamelle à moitié pleine plutôt qu'à moitié vide et, croyez-moi, je la fixe bien, la partie pleine, quand elle arrive ! J'en bave de fixation ! Quoique ! Je ne suis pas à l'abri de changements ! Je vois bien comment ils fonctionnent mes humains... J'entends d'ailleurs l'humaine parler d'adopter un autre chien... Elle a déjà une idée pour la marque et le modèle, mais aussi pour le nom... Elle se fixe un délai de trois à quatre ans, mais la connaissant, sur un malentendu, prise dans un guet-apens, ça pourrait arriver plus vite que prévu...

Newzement...

37813393R00066

Printed in Poland
by Amazon Fulfillment
Poland Sp. z o.o., Wrocław